足球王國

戰後初期的香港足球

增訂版

足球王國

增訂版

戰後初期的香港足球

李峻嶸　著

策劃編輯　梁偉基

責任編輯　鄭海檳　梁偉基

書籍設計　吳冠曼

書　　名　足球王國：戰後初期的香港足球　增訂版

著　　者　李峻嶸

出　　版　三聯書店（香港）有限公司

　　　　　香港北角英皇道 499 號北角工業大廈 20 樓

　　　　　Joint Publishing (H.K.) Co., Ltd.

　　　　　20/F., North Point Industrial Building,

　　　　　499 King's Road, North Point, Hong Kong

香港發行　香港聯合書刊物流有限公司

　　　　　香港新界大埔汀麗路 36 號 3 字樓

印　　刷　美雅印刷製本有限公司

　　　　　香港九龍觀塘榮業街 6 號 4 樓 A 室

版　　次　2015 年 6 月香港第一版第一次印刷

　　　　　2020 年 2 月香港增訂版第一次印刷

規　　格　16 開（168 × 230 mm）224 面

國際書號　ISBN 978-962-04-4597-2

　　本書原屬由張瑞威博士、游子安博士主編「細味香江系列」之一種，自 2015 年出版後受到讀者追捧，成為當年暢銷書。

　　是次再版，不只是按初版重印或做少量修訂工作，而是新增了〈由盛轉衰的職業足球〉一章，以加強對七八十年代香港足球發展的介紹，同時增加一些圖片，並以單行本形式出版，在開本大小上、設計風格上另闢蹊徑，帶給讀者全新感覺之餘，也讓他們翻閱起來更覺舒適。

　　為甚麼我們要增訂再版本書？誠如李峻嶸博士在本書第八章〈從足球反思戰後香港社會〉中強調：「現在學界的共識是，二十世紀七十年代是『香港人』這個身份認同成型的時期。而這個身份認同成型的過程，與當年香港的普及文化的蓬勃發展不無關係。正如第六章回顧港隊在七八十年代的表現時所說，足球在這個過程中也可能扮演了一定的角色。」

　　通過足球運動的發展，得以突破傳統視野，從另一個角度瞭解在殖民時代「香港人」這個身份是如何建構出來的。這便是本書價值之所在，也是我們決定增訂再版之目的所在。

三聯書店（香港）有限公司

出版部

2020 年 2 月

　　《足球王國：戰後初期的香港足球》在 2015 年出版後，我既因為完成了自己的一個心願而欣喜，但又對自己不滿。因為書中一些錯誤在出版後才發現。所以當被告知這本著作有增訂再版的可能，我為了糾正那些錯誤，就即時答允。我無法一一列出這個版本與原版本的所有不同之處，但希望在此列出主要的「罪行」。除了錯別字外，最重要的更正是 1950 至 1951 年度球季南巴大戰的場數。在原版我竟然指南華和巴士作了三次附加賽爭聯賽冠軍，但實際上只有兩場附加賽曾上演過。另外，我亦遺漏了中華人民共和國曾參加 1958 年世界盃外圍賽這一事實。而「中華民國」兩次在默迪卡大賽決戰時的入球球員，和香港隊於 1978 年世界盃外圍賽對印尼一仗的成績，我也在這一版修訂了。出現以上的錯誤，實在是我疏忽所致。順道感謝向我指出過錯誤的金懷宇先生和馬嶽教授。

　　這一版與原版最大的分別就是多了第七章〈由盛轉衰的職業足球〉。原來的第七章〈從足球反思戰後香港社會〉因此改為第八章。在原版面世後，有讀者曾表示該書對七八十年代的香港足球著墨太少。雖然加了第七章後，書名還叫《足球王國：戰後初期的香港足球》似乎有點不太適切，但這一章就算是對上述意見的回應吧！那些在七十年代和八十年代初已密切關注香港聯賽的讀者，很可能會覺得第七章就像「醫院波」一樣「到喉唔到肺」。但如果要全面去回顧那

十八年的香港足球，所需的篇幅實在太多了。因此我不得不將很多重要的人物、球隊和事件略去，希望日後有機會再在其他地方為這些重要的人和事留下記錄。

　　為這一增訂版努力時，「個人的力量太有限」這個想法常在我腦海中泛起來。事實上，我參與過和看過的足球比賽，無論是在本港「街場」「跟隊」切磋還是觀看世界盃決賽，都在告訴我這一點。小弟是這本書的作者。但你能夠讀到這本書，還要有很多人出力才行。沒有足球員、球證、球迷、記者、與足球賽相關的工作人員，就不可能有這本書。沒有人負責校對、排版、印刷、運輸等工作，你也無法讀到這本書。在初版的〈序言〉中已感謝過的人，我就不再刻意道謝了。而今次新增的資料，有賴陳靜賢和楊皓鍼提供的支援。香港足球史學會成員羅建文兄所整理的香港外援資料庫，亦令我在搜尋外援相關資料時省卻了不少時間。另外，這一增訂版有少量資料來自近年所做的球迷訪問，是因為有香港理工大學專業及持續教育學院的研究經費支持才能搜集得到。

2019 年 11 月於香港

序言

　　對某些人來說，足球可能只是一個二十二人追逐皮球的遊戲。對足球迷來說，球場上發生的事當然不是無意義的追逐。球迷明白勝負的重要性、戰術的作用、球員的經歷、球隊的過去和象徵意義，因此才會看得投入。換句話說，我們要有一個框架去理解和詮釋足球，它才會有特別的意義。

　　香港有很多足球迷，但大多對二十一世紀香港的職業足球提不起興趣。水準不如昔日、外國足球直播多、越來越多其他娛樂與之競爭，都是本地足球越來越少人關注的原因。但或許，我們對過去的香港足球缺乏認識，也是本地足球難以吸引人的原因之一。因為對歷史缺乏認識，我們只有零碎的歷史回憶，無法說出較為完整的香港足球故事。忘記了過去，當下的香港足球就難有特殊意義。

　　香港曾經被公認為「遠東足球王國」，甚至有人稱為「亞洲足球王國」。但今天的香港不但沒有足球名人堂或博物館，香港大球場的四面看台仍全是以方位，而不是以對香港足球有重大貢獻的人物或者是香港足球重要時刻為名。這正反映出政府和社會對歷史的輕視。雖然坊間不無與香港足球歷史相關的書籍，但除了以戰前足球為主的《球國春秋》一書外，其他書籍都難以算是對香港足球歷史作有系統的記載或整理。[1] 這本書以五六十年代香港足球為焦點，算是為填補香港戰後足球歷史空白略盡綿力。[2]

本書內容及框架

要瞭解五六十年代香港足球的情況，就不得不提當時的政治格局。因此，本書不是純粹的足球史，它同時探討在冷戰、國共於台灣海峽兩岸對峙那個大環境下，足球在這個處於珠江口的英國殖民地如何反映當時的政治社會形勢和影響香港居民的身份認同。在第一章介紹五六十年代香港足球的概況後，第二章將會回顧昔日香港華人球員代表退守台灣的國民政府，加入當時獲得國際足協和亞洲足協承認的「中華民國」隊參加國際賽的成績及其政治含義。而第三章的焦點則是香港代表隊在五六十年代的戰績和香港足總如何在六十年代設法阻止台灣再徵召香港華人球員。接着的第四章會透過回顧五六十年代英國球隊訪港的情況以討論當時本港殖民主與被殖民者間的關係。相對第二章至第四章而言，第五章的「政治」味道較少。該章將會回顧香港如何在 1968 年成為亞洲第一個誕生職業足球的地方。香港足球職業化後不久，台灣已沒有在香港徵召華人足球員。而香港代表隊由七十年代起則參加過幾場經典戰役。當中最為人津津樂道的是 1977 年在星加坡和 1985 年在北京贏得世界盃外圍賽小組出線權。在第六章，筆者會回顧七十年代中期到八十年代中期香港代表隊參加正式國際賽的成績，以思考足球與香港認同的議題。最後，筆者會總結各章的重點，提出幾個有關認識戰後香港社會的問題。

資料來源及用詞

要研究戰後初期的香港足球，主要的資料當然是舊報紙。而足球

資訊最豐富的《香港時報》體育版就是最好的資料來源。不過,《香港時報》是國民黨在香港的機關報,政治立場極度鮮明。[3] 所以在分析不少重要事件時,為免過分依賴《香港時報》的內容,筆者也儘量參考不同政治立場的報刊的報道和評論。依據香港常見的用法,那些於1949 年後仍然長期使用「民國」紀元的香港中文報紙在本書會被統稱為右派報紙。它們包括《香港時報》、《工商日報》、《星島日報》、《星島晚報》和《華僑日報》等。以上幾份報章對國民政府的認同程度有顯著差別,但它們都在國共內戰底定後有數十年時間奉台北為正朔。至於那些不用「民國」紀元而且支持中國共產黨的香港中文報章則會被稱為左派報紙,當中包括《文匯報》、《大公報》、《新晚報》和《香港商報》等。同時,本書所指的右派是指支持或同情國民黨的人物和組織;左派則是指支持或同情中共的人物和組織。

自從毛澤東在 1949 年 10 月 1 日宣佈中華人民共和國成立,在國共內戰節節敗退的「中華民國」政府遷到台北後,兩個政權都堅持自己才是代表全中國的唯一合法政權,於是有關這兩個政權的稱呼就成為極度政治化的議題。左派報章中的「中國」指的是「中華人民共和國」;右派報章中的「中國」則指「中華民國」。在提及參加國際賽的球隊時,本書會以當時比賽主辦單位承認的名稱稱呼該球隊。所以除了 1960 年羅馬奧運外,五六十年代由台灣方面派出參加國際賽的代表隊仍然會被稱為「中華民國」隊,而該隊的球員自然就是「『中華民國』國腳」。此外,儘管「國民政府」的稱號在 1948 年已經取消,本書有時也會以「國民政府」一詞稱呼遷台後的「中華民國」政府。

致謝

除了舊報紙外，本書的部分資料來源亦包括香港歷史檔案處、廣州的廣東省檔案館、台北的國史館和瑞士蘇黎世的國際足協文件中心（FIFA Documentation Centre）的檔案。另外，過去多年，我也曾訪問過一些昔日的球圈人士。他們包括韋基舜先生、高寶強先生、容應熯先生、梁子明先生、郭家明先生、陳輝洪先生、陳鴻平先生、黃文偉先生、鍾楚維先生、羅北先生等。遺憾的是，部分被訪者未能看到本書出版就已離世。

除了要感謝以上提過的檔案中心和被訪者外，還有很多人在搜集資料上的工作提供過協助。他們包括家父的友人，六十年代初的香港代表隊成員莫小霖先生、國立屏東大學社會發展學系的邱毓斌博士、吳潤湘醫生、華協會的黃錫林主席、梅偉平先生、容景怡、陳穎欣、許少英、香港足球史研究組的成員阮子翹兄、伍國峰兄和謝健鋒兄。而本書得以面世，麥覺之兄、游子安先生和三聯書店的梁偉基先生至為關鍵。另外，是次研究經費部分得到香港理工大學轄下的專業及持續教育學院的研究撥款支持，特在此表示謝意。

筆者能完成此書，與自身的成長經歷不無關係。已經逾百歲的曾外祖父在我小時候常帶我踢球看球，鞏固我對足球的興趣。家父是第一個告訴我香港曾是「遠東足球王國」的人。到現時我仍然記得第一次聽到這個說法的震撼。或許那一刻的感覺是我決定研究這個題目的原動力。家母着緊我的教育，否則當不成職業球員的我也未必會用這個方法延續自己對足球的狂熱。曾是南華狂熱球迷的內子與我初認識時第一個話題就是香港足球。幸得她包容我將有關香港足球的材料在

家中四處擺放和伴我到海外找資料，才能讓此書大功告成。

如果讀者發現本書內容有任何錯漏，或者有其他寶貴意見，歡迎
電郵到 leecw@alumni.cuhk.net 跟筆者聯繫。

李峻嶸

2015 年 4 月

註釋

1　黃嗇名，《球國春秋》（香港：大公書局，1951）。有關戰前香港足球的情況，也可參考
「十一劃生」的網誌：http://elevenstrokes2014.blogspot.hk/。

2　本書絕不能算是對五六十年代足球的完整整理。例如對本地賽事、裁判制度、女子足球和
足球廣播等議題，本書都未有討論。其他內容與五六十年代香港足球相關的足球專著包
括：區志賢，《五十年代香港足球》（香港：勤＋緣出版社，1993）；黃文偉，《黃文偉：黃
金歲月》（香港：香港文化館，2013）；林尚義、盧德權，《香港足球史》（香港：友禾出版
社，1990）；莫逸風、黃海榮，《香港足球誌》（香港：上書局，2008）；賴文輝，《香港十大
名將》（香港：紅出版〔青森文化〕，2013）；楊志華，《香港足球史話（1945-1969）》（香港：
明文，2009）。

3　李谷城，《香港報業百年滄桑》（香港：明報，2000），頁 194-195。

目錄

遠東足球王國：
香港

1958 年，「中華民國」隊在東京衛冕亞運金牌後留影
（獲羅北先生授權使用）。

香港曾被廣泛視為「遠東足球王國」，甚至有人稱之為「亞洲足球王國」。論香港球員在國際賽上取得的成績，應屬二十世紀五十年代達到巔峰。到六十年代，香港足球仍顯然處於亞洲一線水平，到 1968 年更成為亞洲首個創立職業足球的地區。

戰前的香港足球

香港足球在二十世紀五六十年代的盛世並非憑空出現，其基礎在二十世紀初早已成型。現代足球起源於英國，英格蘭足球總會在 1863 年成立，是世上首個足球總會。香港作為英國殖民地，足球當然也很快傳到香港。第一個成立於香港的足球會是在 1886 年創會的香港足球會（港會，Hong Kong Football Club）。[1]而今天仍然舉行的銀牌賽則於 1895 年開始角逐，首屆的名字是挑戰盃（Challenge Cup），首場球賽在 1895 年 11 月 5 日上演。[2]香港足球聯賽則在 1908 年至 1909 年球季開始舉行。1909 年 1 月 28 日，在基督教青年會的一個會議上，香港足球總會（足總）宣告成立。[3]但這個足總很快就未能有效運作下去，甚至在週年大會時出席的人數連法定人數都不到。因此，1913 年 6 月 11 日又在基督教青年會舉行了一次

重新組織足總的會議。重組後的足總再正式將聯賽和銀牌賽收歸旗下管轄。[4] 後來足總以 1914 年為創會年份，或許是因為足總要到該年始成為公認的香港足球管理機關之故。[5]

香港足球聯賽開始的同一年，首支華人足球隊—南華也告成立。到 1914 年，香港華人開始參加足總舉辦的賽事。[6] 四年後，南華獲准參加甲組聯賽，並在 1923 年至 1924 年度取得甲組聯賽冠軍，成為首支奪標的華人球隊。[7] 由南華分裂出來的中華隊由 1927 年至 1928 年球季起連續三季稱王甲組聯賽，在當時是前無古人的成績。進入三十年代，南華奠定了其在香港球壇中的擂台躉地位。十年內，南華贏得七屆聯賽冠軍和七次銀牌賽冠軍。洋人在足球場上的領導地位已顯然失去。

除了香港外，上海是中國沿海的另一個重要通商口岸，故當地華人也較早接觸足球運動。滬港兩地也因而成為中國足球兩大重鎮。滬港埠際賽早在 1908 年已展開，但初時為純洋人角逐的賽事，到 1923 年始有華將參加。戰前的十八屆滬港埠際賽中，上海得十一屆冠軍，成績較好。[8] 但若論華人的足球實力，則似乎香港較為優勢。1911 年中國首屆全運會足球賽，香港南華球員代表華南區參賽並擊敗上海球員組成的華東奪得冠軍。香港後來亦奪得第六屆（1935 年）和第七屆（1948 年）全運足球金牌（第七屆香港與警察、陸軍並列冠軍，當屆警察隊球隊來自香港的星島和傑志；陸軍則來自上海的青白隊）。雖然第二屆到第五屆的全運足球金牌均落在華東／上海手中，但除了第五屆外，香港或者華南區均未有派隊參賽。全國分區足球賽方面，由 1926 年至 1933 年共舉行過七屆，香港球員組成的華南隊出席過第一、第二、第三、第五共四屆賽事。除了在第三屆失落冠軍外，其餘三屆華南均為盟主。[9]

由於香港華人的水平較高，從 1912 年第一屆遠東運動會（遠

運）開始到 1927 年第八屆，中國足球隊都清一色由香港華將組成。除了在第一屆不敵東道主菲律賓外，中國隊在這幾屆賽事都順利奪冠。到第九和第十屆賽事，中國隊雖有上海球員助陣，但仍以香港球員為主力。結果中國隊在這兩屆都成功衛冕（第九屆與日本瓜分錦標），實現九連冠霸業。[10] 1936 年，中國參加柏林奧運（當時多稱「奧運」為「世運」），足球大軍中二十二人有十五人效力於香港球會。當年中國足球隊先在東南亞各地作賽為是次遠征籌措經費。由越南西貢到印度，球隊共出戰二十七場，取得二十三勝四和的成績。但到達德國後，中國隊遇上英國，以零比二不敵對手在首圈出局。[11]

胡好時代

戰前的香港華人足球，對內已有超越洋人之勢；對外就稱雄遠東地區。日本佔領香港三年零八個月後，空軍贏得戰後首屆聯賽冠軍，這也是軍部球隊最後一次奪得錦標。之後香港足球就進入了胡好時代。

胡好是南洋富商胡文虎之子，在香港創辦了星島日報和星島體育會。1940 年星島加入足總時，胡好就成功從南華羅致多名球員。當時南華、星島再加上東方三支華隊在球場上爭雄，被坊界比喻為「魏、蜀、吳三國鼎立時代」。[12] 1946 至 1947 年度球季，胡好的星島首奪聯賽冠軍。奪冠後，胡好帶領星島遠征英國和荷蘭，為史上第一支遠征歐洲的華人足球會。[13] 當年胡好除了支持星島外，也支持傑志。因此傑志在 1947 年至 1948 年首次參加甲組聯賽就成為聯賽冠軍，也可被理解為胡好兩連霸。[14] 而當中華民國組隊參加 1948 年倫敦奧運時，包括胡好在內的選拔委員選中的十八名球員中，有

DULWICH HAMLET FOOTBALL CLUB

DULWICH HAMLET

v.

SING TAO SPORTS CLUB
HONG KONG

SATURDAY, 23rd AUGUST, 1947
Kick off 3.30 p.m.

OFFICIAL PROGRAMME · · · TWOPENCE

1947 年，胡好帶領星島遠征英國。圖為星島在英國作賽時的
其中一份場刊（獲阮子翹先生授權使用）。

1947 年星島遠征英國特刊（獲阮子翹先生授權使用）

十一人來自香港（其餘球員為滬將和馬來亞華僑），而胡好旗下的星島球員就佔了八席。[15] 在英國，中國隊雖然在熱身賽以三比二擊敗美國隊，但在奧運會首圈賽事以零比四不敵土耳其出局。[16] 之後南華選出胡好任足球部主任，因此胡好旗下好手就盡歸南華，星島亦因而暫時退出聯賽。[17] 在胡好支持下，南華果然在 1984 至 1949 年度贏得該隊在戰後的首個聯賽冠軍。翌年，胡好手下的好手又復歸蕭柱雲任足主的傑志，傑志就重奪聯賽冠軍。[18] 之後胡好回星加坡經商，他手下的好手就轉投其他華會，胡好時代也正式結束了。[19]

南巴大戰、「烟士」和首位職業腳

1950 至 1951 年度球季，南華和 1947 至 1948 年度球季始獲准參加甲組的九龍巴士（簡稱「九巴」或「巴士」）在聯賽殺得難分難解。最後兩隊積分相同，要進行附加賽一決雌雄。附加賽在當年能容納約一萬五千人的港會場舉行。當日球賽的開賽時間是下午五時三十分，但早上八時已有人在排隊。警方估計當天到場的觀眾有三萬五千人。[20] 假如這估計與現實相距不遠，即是有萬多人未能入場。結果雙方踢成二比二平手，足總執委會決定雙方再作一場決戰。在警方爭取下，這場重賽安排在不屬週末的星期五舉行，以減少到場球迷人數。但最後警方估算仍然有三萬人到場。[21] 重賽南華以四比一勝出，不但奪得聯賽冠軍，更報回銀牌決賽一敗之辱。而這次南巴兩場大戰的盛況，足證了戰後初期香港居民對足球的狂熱。同時，南巴大戰也成為了五十年代香港足球最引人注目的戲碼。

雖然南巴大戰成為了球壇以至是全城焦點所在，但九巴在五十年代只曾在 1953 年至 1954 年一屆得到甲組聯賽冠軍。由 1950 至 1951 年度球季起，南華在十二年內贏得十屆甲組聯賽冠軍。除了巴

士贏過一屆外，就只有東方在 1955 至 1956 年度球季打破南華的壟斷局面。在五十年代曾一度號稱「十萬大軍」的傑志，則要到 1963 年至 1964 年才嘗到胡好離開後的首個甲組冠軍。在六十年代，除傑志外，九巴（1966–1967）、地區球隊元朗（1962–1963）和左派背景的愉園（1964–1965）也曾贏過一次甲組聯賽冠軍，而其他各屆甲組冠軍仍然為南華贏得。即使由 1968 至 1969 年度球季起，職業足球正式在香港誕生，未有組成職業球隊的南華仍然摘下該屆聯賽桂冠。

五十年代，香港的首席球星為姚卓然。姚卓然出身於傑志，其球員的黃金年代則在南華度過。五十年代中期，他與出任左翼的莫振華和在 1954 年由星島轉投南華的何祥友合稱「三條烟」。後來，來自澳門的「牛屎」黃志強在 1956 至 1957 年度球季首度在香港甲組露面效力於中華，即闖出名堂。一季後黃志強加盟南華，與「莫牛」莫振華各踢一翼，合稱「雙牛陣」。當年流行的 WM 陣式的前線共有五人，而 1957 至 1959 年那兩個年度球季南華的前線就有姚、莫、何、黃組成的「四條烟」，這大概是香港足球史上最堅強的鋒線。

到六十年代，香港首席球星則應是張子岱。張子岱為上海名宿張金海之子，在五十年代末出道，並於 1960 年放棄出席羅馬奧運的機會赴英格蘭加盟黑池（Blackpool）當職業球員。如撇除在英國出生的中英混血兒法蘭‧蘇（Frank Soo），張子岱就是史上首名在歐洲聯賽亮相的華人職業足球員。在張子岱赴英之前十年，高寶強也有到歐洲踢球的機會。瑞典球隊宇哥登（Djurgårdens）訪港作賽期間，看中了為主隊上陣的高寶強。宇哥登於是邀請高寶強到當地任學徒球員。[22] 高寶強說：「我自己很想一試，但家人不批准。」高寶強還提到，除了他自己曾得歐洲球隊垂青外，也曾有葡萄牙球隊欲羅致姚卓然。

在黑池效力大約年半期間，張子岱大部分時間為預備隊在中央聯賽（Central League）上陣。在 1960 至 1961 年度球季，他在中央聯賽出賽二十六場並取得十四個入球，高踞射手榜次席。在 1961 至 1962 年度球季，他亦在中央聯賽上陣十八場並攻進九球。[23] 可是，在預備組的出色表現並沒有為張子岱帶來太多在一隊上陣的機會。1961 年 1 月 14 日，他首次為一隊上陣對狼隊，但賽事在開賽後僅九分鐘就因濃霧而腰斬。[24] 到 1961 年 11 月 25 日，張子岱為黑池一隊在當時的頂級聯賽甲組聯賽上陣對錫週三。雖然張子岱射入一球，但主場的黑池以一比三落敗。這也是張子岱最後一次為黑池一隊上陣。[25] 由於在一隊上陣的機會太少，而且覺得黑池老化缺乏鬥志，張子岱在 1961 年底主動要求解約回港。[26] 張子岱重返香港聯賽後，慢慢奠定其首席球星的地位。傅利沙在 1964 年出任足總主席時曾去信國際足協查詢有關球員代表資格事宜，他在信中就提到如果張子岱能成為香港代表隊成員，將使球隊實力大增。[27] 到 1968 年，張子岱和其弟張子慧一起赴加拿大加盟北美職業足球聯賽的溫哥華皇家隊（Vancouver Royals）。但兩人在北美只短暫逗留了一段時間，張子慧就回流香港重隸星島；在北美亦曾效力聖路易明星（St. Louis Stars）的張子岱則回港加盟巨型班的職業大軍怡和。[28]

比賽場地和錦標賽事

在四十年代末至五十年代初，甲組比賽的主要場地包括跑馬地的港會主場、加路連山道的南華主場、掃桿埔的陸軍球場（今掃桿埔運動場的位置）、高士威道的海軍球場（今銅鑼灣運動場）和九龍花墟道的警察遊樂會主場。戰後初期的球場座位都是棚座。棚座有多個缺點。不但在出現火警時竹棚易燃會令危險性大增，遇上颱

風時棚座也有倒塌的隱患；且對主場一方而言，每季要拆卸和搭建棚座也耗費不菲。因此，在獲得政府確保能長期使用場地後，南華會和港會分別在 1953 年和 1954 年興建了三合土看台。[29] 之後警察會的花爐場也告別棚座年代。於是到五十年代中期，收費球賽就只在港會場、南華加山場、界限街警察場和 1955 年落成的香港政府大球場舉行。

早在 1947 年，就已出現要求政府興建大球場的意見，而政府在當時也原則上認同了有關計劃。但由於成本、物色土地和戰後初期建築材料緊張的原因，興建政府大球場的計劃暫時擱置。[30] 不過，由於看球的人數越來越多，無論是南華會和港會場容納的人數都只是一萬五千人左右，每逢「大場波」都會出現秩序問題。再加上前文提過有關棚座的問題，最後令政府再度將興建大球場的計劃擺上議程。原本大球場的選址是在銅鑼灣填海區（今維多利亞公園），但負責研究填海區用途的委員會不認同將大球場興建在該處，而且政府工務部研究後發現在填海區一帶興建大球場的造價比起在掃桿埔山谷（即現址）的造價高昂得多，故最後就選定在現址興建。[31] 興建政府大球場的工程於 1953 年開始，到 1955 年底啟用。大球場當初落成時，政府將場地的管理權交予足總。直到 1965 年，政府才將管理權由足總收回再交由市政局管理。

五十年代的香港足球，最重要的球會錦標是 1957 年起引入升降制度的甲組聯賽和銀牌賽。除此之外，每年的盃賽賽事尚有士丹利木盾賽、督憲盃、勝利盾、國際盃和紀念盃。跟聯賽和銀牌賽一樣，士丹利木盾賽以球會為參賽單位，但以七人賽的形式舉行。該賽事是為紀念日本佔領香港期間，被囚在赤柱集中營的人士堅持踢球的事跡而設立。[32]

至於其它幾項賽事都有明顯華洋對抗的味道。督憲盃緣起是

1955 年的香港政府大球場。遠處可見一街之隔的南華會加山場
（獲香港政府檔案處授權使用）。

1931 年「九一八」事變後不久，作為本港華人體育管理機構的華協會認為，足總的不當措施導致當年香港作東的和和盃賽事出現虧蝕，於是發動當年參加足總賽事的五支華隊（南華、中華、東方、太古和崇正）退出角逐。[33] 這令到 1931 至 1932 年度球季的足總賽事只有洋隊參加。經調停後，華會在 1932 至 1933 年度球季恢復參賽，督憲盃就是象徵華協與足總和解的賽事。[34] 原本督憲盃每年由足總選出西聯對華協選出的華聯。但到六十年代由於華人水平已遠超洋將，就改由足總隊對華協隊，前者「人腳」不再局限於洋將。勝利盾也是華洋對壘的比賽，由香港華人足球聯會（足聯）跟軍人體育協會合辦，戲碼是華聯對軍聯。[35] 由於軍部球隊在五十年代中後期已是弱旅，六十年代就演變成華聯與軍警聯的對決。紀念盃的前身是戰前的麗華盃。參賽球隊初時為各軍部球隊，西文員（即非軍人身份的洋人）和華聯。後來隨着軍部球隊競爭力不如前，各支軍部球隊遂合組軍聯，華人亦分為港華和九華參賽。國際盃的參賽球隊跟督憲盃初期類似，都是純粹以國籍將球員分到不同球隊。但和督憲盃不同的是，洋人之間也依據國籍分成不同球隊。因此，除了每屆都亮相的中國隊外，國際盃曾出現過葡萄牙隊，不列顛人也可分成英格蘭、蘇格蘭等隊。在戰後，國際盃就由中國隊壟斷。[36] 由於戰後華人的足球水平已遠高於洋人，無論是聯賽冠軍還是銀牌賽冠軍由 1947 年起已是華隊天下，以上有華洋對抗味道的比賽在六十年代都已式微。國際盃和紀念盃在 1960 年後就已停辦，而勝利盾和督憲盃則在七十年代始沒有再舉行。[37]

對外的比賽方面，隨着中共取得大陸政權，港滬埠際賽在 1949 年後就告終止。其他每年都舉辦的埠際賽中，港越和港菲埠際賽都在五十年代初結束，能每年恒常舉辦的就只餘下港澳、港星（胡好盃）埠際賽和由華協派隊參加的港馬華人埠際賽（和和盃）。1949

年，瑞典的赫爾星堡（Helsingborgs）訪港，開啟了歐美球隊戰後頻繁訪港的先河。外隊來港通常比賽三仗。由五十年代到六十年代初，頭兩仗多數分別以港聯和港選的名義，第三場則由華聯出戰。而外隊賽事的收入也是當年足總最主要的收入來源。

球員的背景和待遇

眾所周知，香港是一個移民城市。戰後的香港足球界中，不少球員也是移民。戰後初期在香港聯賽踢球的華人球員，除了在香港出生或者來自廣東省一帶外，還有不少上海球員。事實上，作為中國沿海兩個最重要的商埠，滬港兩地足球在戰前就已有緊密聯繫。不少球員都曾在兩地聯賽露面。在滬港埠際賽中，也有一些球員先後為雙方效力，當中包括了中國球王李惠堂和名將孫錦順。1937年「七七」事變發生後，上海形勢危急，促使多名上海球員南下參加香港聯賽，當中包括張榮才、劉始讚、許竟成、徐步雲和張金海等。滬港的緊密交流在戰後恢復。四十年代末，中共在大陸戰場的勝利再度促使上海人南來。因此，由四十年代末到五十年代，香港球壇有不少原在上海踢球的名將。五十年代初的光華隊由許文奎等上海的南來商人支持，並以原上海青白足球隊的球員為主力，因此能吸引滬籍球迷支持。例如《華僑日報》在1951年初光華擊敗傑志後就指出，「三比一惹得外江球迷狂喜」和「阿拉球迷蒞場多」。[38]當時效力過光華的滬將包括張金海、吳祺祥、陳明哲、羅壽福和嚴士鑫等人。

除了上海外，鄰埠澳門也是另一個為香港甲組提供良將的地方。在香港球壇踢出名堂者為數不少，最著名的當然是黃志強。其他名將尚有郭石、郭有、郭錦洪三兄弟和陸文渭、劉煥清等。除了

有澳門出身者定居香港踢球外，五十年代也有澳門球員為了參加香港聯賽而乘輪過海參賽。這使到澳門足總主席在 1955 年要求香港足總禁於在澳門註冊的球員同時在香港聯賽中上陣。[39]

而香港長大的華人球員多數都是先踢小型球磨練球技，始輾轉參加足總主辦的聯賽踢十一人制足球。部分球員在成為甲組球員前也有在中學的學界比賽或者是足聯主辦的夏令盃賽事亮相。由於西式學校是二十世紀初足球由洋人傳播到華人的主要地方，因此二十世紀初的華人足球員大多都是教育程度較高者。但最晚到戰後，足球已顯然普及化成為平民運動。在喇沙書院畢業的名將高寶強有一個叫「阿 Cap」的綽號。該綽號來源於他當年以「其他的球員都不懂英文，只有我懂」為由爭做隊長。由此可見，五十年代的甲組華將已不再是以教育程度較高者為主力。

當年的香港足球雖然名義上是業餘足球，但球員收受物質回報其實是公開的秘密。二十世紀五十年代，一般非技術工人在香港的日薪大約是兩元五毛到六元左右；半技術工人的日薪則大約是四元到八元。[40] 而新晉球員的待遇每個月則有數十元。羅北在 1952 年左右初上甲組時就有八十元一個月，而五十年代末加盟愉園踢乙組的黃文偉則有六十元一個月。這樣的待遇未必高過一般打工仔，但如能在甲組站穩陣腳，身價就會水漲船高。五十年代初不算是一線球員但已在甲組站穩陣腳的張戩新每月約有兩百五十元的待遇。[41] 換言之，就算不是頂級球星，單是踢球的收入已比一般藍領工人要好。而頂級球星的月入更可達四位數字，姚卓然更因為四萬元的簽字費而有「四盤腳」的綽號（詳見下文）。

雖然有部分甲組球員會以足球相關的收入為主要收入來源，但不少甲組球員仍有正職在身。因此，練球時間也要遷就有正職在身的球員。黃文偉憶述，在業餘時代球隊會在一、三、五早上六時半

或七時操練，之後有工作的球員就會上班。一星期中只有週二、週四才會有晚練讓球員接觸皮球。五十年代，九巴能吸引不少優秀球員加盟，其中一個原因就是該公司可為球員提供穩定的工作。黃文偉說當年九巴的預備組球員多數做「拉閘」的工作。而他原本也打算藉着足球加入九巴打工，但因為被指年紀太輕才改為加盟愉園。五十年代中後期曾效力九巴的羅北，則指大部分甲組球員都是任站長或者稽查，而在九巴當球員就算因為比賽或者練習而不能上班，亦不用請假。當年羅北在九龍城當站長，與他在同一個站任職站長的有他口中的「老前輩」李天生和馮坤勝。當時李、馮二人已沒有在甲組亮相，可見即使球員已不再在球場上出力，也可留在九巴任職。

在業餘足球的年代，球員只在球季期間獲發「波糧」。因此當年香港甲組華隊在球季結束後經常組隊外遊，其中一個作用就是讓球員在暑期保持收入。這些外遊通常被稱為「南遊」，因為目的地絕大多數都是香港以南的地方。最熱門的城方是東南亞一帶（包括菲律賓、印尼、馬來亞、越南和泰國）。路途較遠的還有遠征澳洲和紐西蘭（在五十年代，東方先後於 1953 年和 1957 年遠征澳紐，南華則在 1955 年到訪該兩個大洋洲國家；在六十年代，星島也曾於 1966 年到澳紐兩國作賽）甚至是近非洲大陸的印度洋島嶼毛里裘斯、留尼旺和馬達伽斯加（南華曾在 1958 年和 1966 年到訪；傑志則在 1964 年到訪）。黃文偉指當時香港的華人球員在南洋很受歡迎：「當地的華僑當你是球星……甚有榮譽感……以前香港的球員去東南亞能賺取不少收入。參加一次南遊就可有三千多元，就夠一個夏季（的開支）。」羅北回憶在南遊期間，後備球員時常要走到球場入口看清楚球迷付費入場的情況，以防當地的主辦當局有詐，繼而影響外遊球員的收入。

昔日球隊南遊回港時，在機場往往出現「拉角」場面。在業餘足球制度下，球會和球員之間沒有合約的束縛。於是，每個球季結束之後，球員可以自由轉會。對於炙手可熱的球員來說，這個制度可使他們儘量爭得較佳的待遇。班主為防競爭對手捷足先登網羅自己心儀的好手，經常會在機場迎接南遊回港球員，促其在足總發出的球員註冊紙上簽名作實。所以班主為球員拿行李的場面，在夏天經常於啟德機場發生。拉角潮中最轟動的，要數 1956 年的一次。當年，原為南華足主的陳南昌對南華會內部的職員改選結果不滿，故決定入主中華，並希望羅致多名南華主力助陣。[42] 當年的傳聞是姚卓然早已承諾與部分南華球員下山加盟。但當姚卓然隨南華南遊回港後，卻決定留效南華。當年《香港時報》的「穿山甲」撰寫了一篇名為「南華平息兵變經過」的文章，內裏如此描述綽號「小黑」的姚卓然續效南華的過程：

　　　　「小黑」和女友唐麗蓮乘自用汽車，由唐麗蓮的「契兄」駕駛，擺脫了中（按：指中華）南（按：指南華）的糾纏，離開機場時，「小黑」曾答允「肥啤」（按：指當時協助中華籌組巨型班的黎頌賢）到中華大本營去。馮漢柱（按：馮當時為南華會主席）與「小沈」（按：指沈瑞慶）轉眼失去了「香港之寶」，馬上囑咐司機從尾追趕，馮、沈兩車加油絕塵而去，到了漆含道的三叉路口附近，已追近「小黑」的汽車，馮漢柱的司機眼明手快，向「小黑」的汽車挨近扒頭，突然「唧」一聲煞掣，兩車險些相撞，「小黑」的車子也隨後跟着停下。馮漢柱的太太馬上下車，走過來拉着「小黑」的女友，請他過車有話要說，約十分鐘，「小黑」在車內久候不見女友回來，像很不耐煩的樣子，不久，「小黑」也跟着下來，轉乘馮漢柱的汽車直駛到尖沙

咀馮燨公館去。

　　那時，馮公館的門口，已站着一班南華球員，一說他們要等「小黑」到來才進入，結果你推我擠大家就入了南華的大本營。

　　這個關頭，中華就輸了一半，如果反之中華截得「小黑」渡海，「中南大戰」的局面，實未知鹿死誰手也？[43]

　　後來據說當天姚卓然收了四萬元的簽字費。當年的人俗稱一萬為一盤，原已有「香港之寶」這綽號的姚卓然多了「四盤腳」之名。

戰後的香港足總

　　香港足總在 1954 年開始以有限公司的身份註冊。根據五六十年代的足總會章，各屬會每年都會在週年大會選出會長、華人副會長、西人副會長、軍人副會長和主席。平常處理足總日常事務的是執委會，而執委會之下亦會成立若干委員專門處理不同事務。除了會長級人士及主席外，足總執委會的成員還包括各甲組會代表各一人、由非甲組會選出的低組別聯賽代表（初為一人，再逐步增到 1965 年的六人）、陸軍體育會的代表和華協會的代表。而足聯在六十年代也在執委會中爭取到一個席位。[44]

　　戰前的足總會長未嘗有華人出任。1953 年，羅文錦成為足總史上首位華人會長（見表 1.1）。自羅理基在 1966 年退位讓賢後，足總會長也就未再有洋人出任。由於會長級人士多數不會積極介入足總的日常事務，故主席一職的競選情況才是每年選舉的重頭戲。史上首名華人足總主席為黃家駿。他在 1940 年起當選主席，並出任日本投降後首任足總主席。戰後曾出任過足總主席的洋人僅有史堅拿、京琴和傅利沙三人。在 1965 年週年大會上，傅利沙不敵莫慶競

選連任失敗。自此，足總主席就一直由華人出任。

表 1.1 二次大戰後香港足總會長及主席名錄

會長	主席
摩士 Arthur Morse（1946—1953）	黃家駿（1945—1947；1948—1949）
羅文錦（1953—1954）	史堅拿 Jack Skinner（1947—1948；1949—1952；1953—1954）
郭贊（1954—1956）	京琴 James C. Guimgam（1952—1953）*
賓臣 D. Benson（1956）**	王志聖（1954—1960）
雷瑞德（1956—1957；1958—1961）	莫慶（1960—1964；1965—1966）
陳南昌（1957—1958）	傅利沙 Norman Fraser（1964—1965）
羅理基 A.M. Rodrigues（1961—1966）	梁兆綿（1966—1968）
李福樹（1966—1968）	陳肇川（1968—1970）
王澤森（1968—1970）	廖烈武（1970—1973）
霍英東（1970—1997）	胡法光（1973—1976）
霍震霆（1997—）	許晉奎（1976—1979；1982—1983；1985—1988；1991—1993；1996—1999）
	盧志忠（1979—1982）
	何世柱（1983—1985）
	余錦基（1988—1991）
	李亮能（1993—1996）
	康寶駒（1999—2007）
	梁孔德（2007—2019）
	貝鈞奇（2019—）

* 京琴在 1953 年中當選足總主席，但在任期未滿前（1953 年 2 月）被美軍打傷後不治。[45] 史堅拿遂復任足總主席。

** 賓臣在週年大會當選會長一職。但因為執委會未有通過限制記者採訪會議的議案，賓臣旋即請辭，由雷瑞德接任。[46]

資料來源：《香港足球總會紀念特刊》，頁 92—95。

香港足總在 1954 年加入國際足協。同年在馬尼拉亞運期間，香港成為了亞洲足協創會成員之一。當時亞洲足協以香港為會址，香港足總會長（當時為羅文錦）為會長。再加上足總主席史堅拿被推為代表亞洲足協出席國際足協的副會長，香港居民李惠堂又獲選為

THE HONG KONG FOOTBALL ASSOCIATION

(AFFILIATED TO ENGLISH FOOTBALL ASSOCIATION)

President :
THE HON. MR. A. MORSE, C.B.E.
Vice-Presidents:
THE HON. MR. M. K. LO, C.B.E.
COMDR. N. F. ROBERTSON-AIKMAN
J. McKELVIE, ESQ.
Chairman:
WONG KA TSUN ESQ.
Hon. Secretary :
L. F. de SOUZA ESQ.
Treasurer :
PERCY SMITH & CO.

OFFICE : PRINCE'S BLDG.
Room 211, 2ND FL.
TEL. 30694
P.O. Box 233
CABLE ADDRESS :
"FOOTBALL" HONGKONG

Eingegangen
11 MAI 1947
368

Hongkong, 17th March, 1947.

Dr. I. Schricker,
Bahnoffstrasse, 77,
Zurich,
SWITZERLAND.

Dear Sir,

 Federation Internationale de Football Association

    Pursuant to the circular from The Football Association,
England on the subject of affiliation with your F.I.F.A. I am
directed by my Council to apply for membership on behalf of
our Association. For your information our Association is already
affiliated to The Football Association, England.

    I shall thank you to let me know the affiliation fee
and any other matters pertaining thereto.

Yours faithfully,

Hon. Secretary.

EMS/

All correspondence to be addressed to the Hon. Secretary.

1947 年 3 月，香港足總申請加入國際足協。最後香港足總要到 1954
年才完成入會程序（獲國際足協文獻中心館授權使用）。

亞洲足協創會義務秘書，可見當時香港足球在亞洲的地位。然而，足總高層似乎對亞洲足協的工作沒有太大興趣，甚至沒有即時承認亞洲足協。當時的英國駐馬尼拉公使在發給倫敦外交部的文件就提到在亞洲足協成立時，香港足總官員的行為沒有禮貌（graceless behaviour）。[47] 菲律賓足總主席則認為香港足總的負面態度與1954年初的港菲足球紛爭有關。當時菲律賓未有發簽證予香港學界隊的球員赴菲參加港菲學生足球埠際賽，令足總蒙受損失。[48] 這件事最後亦導致港菲埠際賽自1954年後未有再度舉行。後來香港足總對在1956年主辦首屆亞洲盃決賽週的態度也不太積極。一直到1956年7月，足總才正式落實主辦這項於9月開始角逐的賽事。之後馬來亞在首相東姑鴨都拉曼（Tunku Abdul Rahman）推動下每年舉辦默迪卡（Merdeka）足球大賽，亞洲足協的總部也順勢由香港遷往吉隆坡。

雖說五六十年代是香港足球盛世，但這不代表香港足總展示了良好的管治能力。前面曾提過香港政府大球場甫建成時，政府將球場交予足總管理。後來，政府內部就大球場管理問題設立了一個工作小組。該小組在1963年完成的報告中就指斥足總處事「沒效率」和「不專業」。報告提到足總沒有好好與警方配合控制人潮，對政府文件的回應也緩慢甚至索性不理會。同時，足總也沒有妥善履行自身和政府簽訂有關大球場管理協定的條款，例如未經許可超發名譽券、不依時將收支項目通知政府、未有依據協定條款購買保險和沒有依期召開大球場委員會會議。[49]

小結

早在戰前，香港已算是遠東足球王國。到戰後，省港澳滬精英雲集香港球壇，將香港足球帶進另一個高峰，華人的整體足球水平

已遠超在香港生活的洋人。五十年代的南巴大戰是全城矚目的盛事，球星的待遇和社會地位因此也相當高，聲名甚至傳遍東南亞。而在國際賽場上，香港球員也有優異表現，令到香港甚至可被稱為亞洲足球王國。之後兩章的主題，就是香港球員組成的兩支代表隊於五六十年代在國際賽場的表現和成績。

註釋

1 足球其實可以指本書主題的那種十一人制英式足球（Association Football），也可指欖球（Rugby football），港會由創會起就同時推動兩種足球。見 Nigel Dunne, *Club: The Story of the Hong Kong Football Club 1886-1986* (Hong Kong: Hong Kong Football Club, 1985), p. 3.

2 Denis Way, *Along the Sports Road: the Hong Kong Football Club, its Environs and Personalities 1886-2011* (Hong Kong: Hong Kong Football Club, 2011), p.18. 在該書第二十頁，有一張 1895 年 11 月 14 日 *Hong Kong Daily Press* 報道的圖片。該報道指挑戰盃的第一場賽事在上星期二舉行，故首場賽事應該 11 月 5 日上演。

3 *Along the Sports Road*, p. 37.

4 *Along the Sports Road*, pp. 42-43.

5 *Club*, p. 20.

6 《球國春秋》，頁 12。

7 同上，頁 27。

8 有關戰前滬港埠際賽情況，詳見沈文彬主編，《中國的足球搖籃：上海足球運動半世紀，1896—1949》（上海：上海文化出版社，1995），頁 191-218。

9 其餘四屆的冠軍則是上海球員組成的華東隊。有關戰前全國足球分區賽和全運會足球賽的情況，見《中國的足球搖籃》，頁 331-339。

10 有關遠東運動會足球比賽的戰況，可參閱《中國足球的搖籃》，頁 294-303。1934 年第十屆遠東運動會後，因為「滿洲國」的爭議，遠東運動會未有再舉行。

11 《中國的足球搖籃》，頁 306-311。

12 《球國春秋》，頁 161-163。

13 同上，頁 180。

14 同上，頁 186-190。

15 《中國的足球搖籃》，頁 312。

16 《球國春秋》，頁 207-209。

17 同上，頁 204-205。

18 同上，頁 225。

19 胡好在 1951 年初死於空難。《球國春秋》，頁 251。

20 Hong Kong Public Records Office, HKRS 156-5-2, "Stadium in the Colony – Proposals for the Construction of a ...", 29 Apr. 1947 – 26 Mar. 1954.

21 Ibid.

22 高寶強因而多了一個「瑞典腳」的外號。

23 "Pool pioneers of the Orient", Blackpool Gazette, http://www.blackpoolgazette.co.uk/sport/pool-pioneers-of-the-orient-1-423692〔瀏覽日期：2015 年 3 月 20 日〕。

24 Ibid.

25 Ibid.

26 《香港足球誌》，頁 23。

27 Letter from N.B. Fraser to Helmut Käser on 17 Feb. 1965. FIFA Archives: Correspondence with National Associations HKG..

28 《香港時報》，1968 年 9 月 30 日；《香港時報》，1968 年 12 月 25 日。

29 郭少棠，《南華體育會一百周年會慶》（香港：南華體育會，2010），頁 98；Along the Sports Road, p. 124.

30 Hong Kong Public Records Office, HKRS 156-5-2, "Stadium in the Colony – Poposals for the Construction of a ...", 29 Apr. 1947 – 26 Mar. 1954.

31 Ibid.

32 《香港足球總會紀念特刊》（香港：香港足球總會，2004），頁 61。

33 有關華協會的背景，見第二章。

34 《球國春秋》，頁 80-82。

35 有關足聯的背景，見本書第二章。

36 各屆國際盃的冠軍球隊可參考「十一劃生」網誌：http://elevenstrokes2014.blogspot.hk/2015/03/1924-25.html〔瀏覽日期，2015 年 3 月 20 日〕。

37 《香港足球總會紀念特刊》，頁 64。

38 《中國的足球搖籃》，頁 452-453。

39 《香港時報》，1955 年 4 月 4 日。

40 Joe England and John Rear, *Chinese Labour under British Rule* (Hong Kong: Oxford University Press, 1975), p. 30.

41 《香港足球史話》，頁 69。

42 《香港時報》，1956 年 6 月 8 日。

43 同上，1956 年 8 月 16 日。

44 有關華協會和足聯的背景和組織，詳見本書第二章。

45 《香港時報》，1953 年 2 月 23 日。

46 同上，1956 年 8 月 20 日。

47 Hong Kong Public Records Office, HKRS 41-1-8099, "Second Asian Games Held in Manila on May 1 – 11, 1954 – Report of the ...", 30 Apr. 1954 – 16 Mar. 1955.

48 Ibid.

49 Hong Kong Public Records Office, HKRS 41-1-10457, "Hong Kong Government Stadium – Appointment of a Working Party to Examine the Management of ...", 10 Jan. 1962 – 13 Mar. 1963.

來自香港的
「中華民國」國腳

1967 年，香港華將組成的「中華民國」隊在台北取得出線
第四屆亞洲盃資格後留影（獲羅北先生授權使用）。

　　上一章提過，中國隊在戰前的遠東運動會連續贏得九屆足球冠軍。而在這九屆當中，有七屆是純粹由香港華將代表參賽，另外兩屆香港華將也是球隊主力，可見當時香港足球水平實是遠東地區中的第一流。戰後，亞運會誕生。與大多只有「中華民國」、日本和菲律賓三隊參賽的遠東運動會不同，亞運會的參賽隊伍涵蓋整個亞洲。雖然西亞的阿拉伯諸國要到七十年代才在亞運會出現，但無論如何，亞運會給予了香港球員一個與更多亞洲地區球員競技的平台。正是在這個平台，香港球員在 1954 年和 1958 年那兩屆亞運證明了香港的足球水平在整個亞洲來說都是首屈一指的。不過，香港華人足球員在五十年代兩奪亞運金牌時，他們不是在殖民地旗幟下參賽，而是代表在國共內戰後失去大陸的國民政府而任「中華民國」國腳。

　　除了兩奪亞運金牌外，香港的華人球員亦曾為「中華民國」隊打進 1960 年羅馬奧運會足球賽、並在 1963 年和 1965 年兩奪馬來西亞默迪卡盃大賽冠軍。在五十年代至六十年代中期，在亞洲區內大概只有南韓和以色列的水平與「中華民國」隊在同一個水平上。

　　香港足球員以至其他運動的運動員代表「中華民國」出席國際

性大型運動會，早在戰前的遠東運動會、1936 年的柏林奧運和 1948 年的倫敦奧運就是如此。但到五十年代，退守台灣的「中華民國」政權已不是國際上公認代表全中國的唯一合法政權。同時，香港在 1952 年自組代表團參加赫爾辛基奧運，再在 1954 年參加第二屆馬尼拉亞運會，遂令到香港華將代表「中華民國」代表團一事的政治意味與 1949 年之前完全不一樣。這一章除了回顧當年香港華人球員代表「中華民國」隊參加國際賽上陣的成績外，還會討論香港球員為台灣效力的政治意涵。

兩岸分裂與國際足球

香港華人球員在香港足總加入國際足協和亞洲足協後，仍然如 1949 年之前一樣代表「中華民國」，其先決條件是國民政府退守台灣後仍然能以「中華民國」的名義參加國際賽。國共內戰結局底定後，北京和台北兩個政權都堅持自己才是唯一一個代表全中國的合法政權。因此，兩者雖是政治宿敵，卻在「一個中國」這原則上有微妙的共識。除了不容許他國同時承認兩個政權外，在國際的民間組織都堅持只可有一個中國人政權的代表存在。不過，在奧運會和國際足協，兩岸則曾經同時間為會員。1949 年前，中華民國在 1932 年洛杉磯奧運會、1936 年柏林奧運會和 1948 年倫敦奧運都曾派出代表團參加。1949 年之後的第一次夏季奧運會在 1952 年舉行，主辦城市是芬蘭的赫爾辛基。在賽事開幕前兩天，國際奧委會決定不承認大陸和台灣的兩個奧委會，但會讓兩岸各自派運動員參加獲得國際單項協會承認其參賽資格的運動項目。台方因而決定抵制是屆奧運，而中國大陸因為在奧運開幕前一天始收到芬蘭方面的邀請，所以代表團到達赫爾辛基時，該屆奧運已將近閉幕。[1] 到 1954 年 5

中 華 全 國 體 育 總 會

ALL - CHINA ATHLETIC FEDERATION

FEDERATION NATIONALE ATHLETIQUE DE CHINE

Eingegangen
28.JUL.1958

5. TAI YANG KUNG, PEKING, CHINA   TELEGR.: ATHLECHINE PEKING

Mr. Arthur DREWRY,
Mr. Kurt Gassmann,
Federation of International Football Associ.

July 8th, 1958

Messrs. President and General Secretary,

The All-China Athletic Federation lodged
a strong protest against F.I.F.A.'s unreasonable
decision, which violated its own statutes, in
accepting the so-called " China National Amateur
Athletic Federation " in Taiwan as a member after
formal recognition of All-China Athletic Federation
by F.I.F.A. The All-China Athletic Federation
has now decided to withdraw from the F.I.F.A. Please
find enclosed a copy of the " Protest of the All-China
Athletic Federation against the unreasonable decision
of F.I.F.A. and its declaration to withdraw from FIFA "

Yours sincerely,

Chang Lien-hua
General Secretary

P.S. This letter has been sent
to the vice-presidents and
members of the executive
committee of FIFA as well as
its affiliated national
associations.

1958 年，中國大陸的中華全國體育總會不滿國際足協承認台
灣的中華體協，故去信國際足協宣佈退會（獲國際足協文獻
中心館授權使用）。

月，國際奧委會決定同時承認北京和台北的奧委會。[2] 兩岸對這個決定都不滿意，但這亦解釋了為何雙方都能報名參加 1956 年的奧運足球外圍賽。台灣因為旗幟問題而退出外圍賽（詳見下文），大陸則因為對手菲律賓退出而取得到澳洲參加奧運會的資格。但由於台灣決定派代表團參加 1956 年的墨爾本奧運會，中國大陸最後亦沒有參賽。[3] 兩年後，大陸宣佈退出奧運會行列。直到 1984 年，奧運會才再有中國大陸運動員的身影。

國際足協方面，1949 年後隨國民政府遷台的中華全國體育協進會早在 1931 年已加入國際足協。[4] 到 1952 年，國際足協讓大陸的中華全國體育總會派代表出席會議，即是讓中華人民共和國接管了昔日中華民國的會員資格。[5] 因此，中華人民共和國可以派隊參加 1954 年世界盃外圍賽。當時的國際足協會長為法國人雷米（Jules Rimet），他一方面認為大陸應留在國際足協，但同時邀請中華全國體育協進會申請為會員。[6] 1954 年，在中國大陸代表的反對下，國際足協大會通過中華全國體育協進會的入會申請。[7] 和當時的國際奧委會一樣，國際足協承認了兩個中國。之後中國大陸曾在大會提案驅逐台灣出國際足協，但在 1956 年和 1958 年的兩次國際足協大會都未能如願。[8] 因此，中國大陸就索性在 1958 年 7 月去信國際足協聲言退出。[9]

有關舉辦亞運會的建議，在 1948 年倫敦奧運期間開始醞釀。當時中華民國也有份作為發起者之一參加，且在 1949 年初亦成為亞洲運動協會（Asian Sports Federation）的創會國。[10] 但當第一屆亞運會在 1951 年於新德里舉行時，主辦國印度已經和中共建立了外交關係。因此，印度邀請了不屬亞洲運動協會的中華人民共和國參加。不過，宣佈建國不足十八個月的中華人民共和國只派出中國體育觀光團參觀。[11] 到第二屆亞運會由菲律賓主辦時，由於菲律賓承

認國民政府，且「中華民國」是亞洲運動協會成員，菲方邀請台灣派人參賽就顯得順理成章。而 1954 年亞運會也成為 1949 年後香港華人球員恢復代表「中華民國」參賽的首次賽事。在馬尼拉亞運會期間，亞洲足協成立，所以「中華民國」也是亞洲足協的創會成員，直到 1974 年被逐出亞洲足協為止。因此，無論是亞洲運動協會的亞運會、亞洲足協的亞洲盃和亞青盃，還是奧運會等正式國際足球比賽，兩岸在五六十年代大多只有台灣一方有派隊參加。中國大陸由 1954 年起到七十年代初之前，除了 1956 年的奧運外圍賽和 1958 年世界盃外圍賽外，就絕跡於正式的國際足球賽事。

華協與足聯

國民政府遷台後，由 1954 年第二屆奧運起到 1971 年默迪卡盃，總共有一百名居住在香港的華人球員當選國腳出席亞運會、亞洲盃、奧運會、默迪卡大賽等賽事，又或者當選小國腳參加亞青盃（見表 2.1）。而擔任教練的香港華人亦有李惠堂、黎兆榮、朱國倫、楊根保、何應芬、許竟成、鮑景賢、郭石、費春華。被任命為領隊、管理、秘書等職員的港方人士則有沈瑞慶、王志聖、伍球添、陳樹桓、張錦添、韋基舜、吳壽頤、羅健雲、余子倫、鄧泰全、胡應湘、胡祖堅、曾境康、李杏林和周志強等。當時台灣如要徵召香港球員，就會發公文予香港的香港中華業餘體育協會（華協），邀請後者在香港遴選球員。而華協則會將遴選的工作再交予香港華人足球聯會負責。

華協成立於 1916 年，當時名叫香港體育聯合會，其宗旨為「挑選香港僑胞的精銳運動員參加遠東運動會及中華全國運動會，及為參賽運動員籌措旅費，並分別舉辦全港成人及學生各項體育運動

會」。[12] 到 1924 年中華全國體育協進會在上海成立，華協就訂名為中華體育協進會香港分會，即為中國體育主管組織的分支。因此，華協在組織全運會香港代表團以至遴選香港運動員代表中華民國參加遠東運動會及奧運會等方面，都扮演重要角色。[13] 1951 年，華協再易名為香港中華業餘體育協會。[14] 換言之，該會和已經隨國民政府遷台的中華全國體育協進會再無從屬關係。不過，多名華協要員在五六十年代依然出錢出力支持台灣在香港徵召運動員。五六十年代長年領導華協會的沈瑞慶更是當中的關鍵人物。沈瑞慶為台灣選用香港華將做了極多工作，多次出任「中華民國」隊領隊一職。由於華協自我定位為香港華人中的體育管理組織，故其屬會多是單項運動的管理單位，當中包括香港華人足球聯會（足聯）。

足聯在 1947 年成立，其成員是參加足總賽事的華會。[15] 因為足聯本身也是華協成員，也算是華協的足球部。無論是出戰外隊的華聯還是代表中華民國參加國際賽的球員，華協一般都會轉交足聯負責遴選球員的工作。足聯轄下最著名的比賽是夏令盃足球賽。不少球員都是先在夏令盃初露頭角後，才被提拔到甲組上陣。五六十年代的夏令盃就算要收費入場，也出現過數千人入場觀戰的場面，可見當時球迷對足球運動的狂熱程度。

香港足球界與台灣

足球在台灣不是流行的運動，所以國民政府遷台後，要繼續像戰前遠運一樣派出有實力的好手代表「中華民國」參賽，就一定要靠海外球員。同時，五六十年代的台灣也非如今天富裕，政府要派隊參加國際運動比賽，往往要依靠民間人士捐助經費。因此，每遇亞運會和奧運會等賽事，台方都會聘用大量籌委、顧問。被聘用者

會聯球足人華港香

HONG KONG CHINESE FOOTBALL ASSOCIATION

AIR MAIL

Hong Kong, 7th. June, 1947

The Federation Internationale de Football Association,
Mr. I. Schricker,
Bahnoffstrasse, 77
ZURICH   Switzerland.

Dear Sir,
          I respectfully beg to inform you that this Association
is formed by the Chinese football clubs in Hong Kong, with the object
of promoting the interests of Association Football generally and of
encouraging and effectively controlling football among Chinese in
Hong Kong.
          The management of the affairs of this Association is veste
in a Council elected by members at the annual general meeting.
          The President of this Association is Hon. Mr. M.K. Lo, O.B
and the Chairman is Mr. W.H. Choy who is the Chairman of the Sing Ta
Sports Club whose team is at present on a football tour to England.
          I shall be glad to send you a copy of the Rules of this
Association (in Chinese), if you should require.
          I should be much obliged if you would kindly advise me if
this Association could be affiliated with your Federation, and if so,
the cost of the Affiliation fees &c and any other information you
would please give.
          Thanking you and awaiting an early reply.

                          I am, Dear Sir,

                          Yours faithfully,

                          K. K. Ip
                          Hon. General Secretary.

eingegangen
    8 JUL 1947

    530

臨時通訊處：皇后大道中陸佑行七樓惠明行電話三四二一八

ADDRESS: ROOM NO. 603, LOKE YEW BUILDING, 6TH FLOOR; TEL. NO. 34218

1947 年，香港華人足球聯會成立。秘書葉九皋去信國際足協
查問他們是否可以加入國際足協成為會員（獲國際足協文獻
中心館授權使用）。

表 2.1 1954 至 1971 年「中華民國」隊及青年隊的香港教練及球員名單

賽事	名單
1954 年亞運會	教練：李惠堂；副教練：黎兆榮 球員：鮑景賢、劉儀、侯榕生、唐相、吳祺祥、鄒文治、陳輝洪、鄧森、侯澄滔、姚卓然、金祿生、朱永強、李春發、司徒文、何應芬、李大輝、莫振華
1956 年亞洲盃外圍賽	教練：黎兆榮 球員：朱永強、劉儀、劉建中、翁培佐、吳偉文、李春發、李國華、鄒文治、劉添、陳輝洪、鄧森、潘啟鴻、郭石、司徒森、莫振華、姚卓然、司徒文、羅國泰、楊偉韜、何應芬、李大輝
1958 年亞運會	教練：李惠堂；副教練：朱國倫、楊根保 球員：劉建中、郭秋明、姚卓然、何應芬、鄧森、羅北、羅國良、李國華、郭錦洪、劉儀、劉添、陳輝洪、林尚義、何志坤、黃志強、周少雄、羅國泰、楊偉韜、郭有、郭滿華、莫振華、劉瑞華
1960 年亞洲盃外圍賽 （1959 年舉行）	教練：朱國倫 球員：劉建中、羅北、劉儀、陳輝洪、劉添、郭錦洪、黃志強、羅國泰、何應芬、姚卓然、莫振華、翁培佐、吳偉文、林尚義、鄭帝康、司徒文、楊偉韜、周少雄
1960 年奧運外圍賽對泰國	教練：李惠堂 球員：郭秋明、劉建中、吳偉文、吳添來、郭錦洪、盧松江、劉儀、劉添、郭有、林尚義、黃志強、何應芬、羅國泰、楊偉韜、周少雄、黃德福、莫振華、司徒文
1960 年奧運外圍賽對南韓	教練：李惠堂、朱國倫 球員：劉建中、郭秋明、吳偉文、陳輝洪、黎展球、郭錦洪、林尚義、何應芬、黃志強、羅國泰、楊偉韜、張子岱、郭有、姚卓然、莫振華、劉添、羅北、梁根、黃文偉
1960 年羅馬奧運	教練：李惠堂 球員：劉建中、翁培佐、吳偉文、羅北、郭錦洪、陳輝洪、黃文偉、劉添、林尚義、郭有、黃志強、羅國泰、周少雄、楊偉韜、姚卓然、莫振華、司徒文
1960 年亞洲盃決賽週	教練：朱國倫 球員：翁培佐、雷煥璇、羅北、李國華、吳添來、陳輝洪、吳偉文、郭有、黃志強、劉煥清、陸文渭、司徒文、何應芬、姚卓然
1962 年亞運會 *	教練：李惠堂 球員：駱國榮、郭秋明、郭錦洪、李國華、羅北、黃文偉、李鏡威、劉添、盧松江、陳輝洪、劉煥清、莫振華、姚卓然、郭有、張子慧、李德煒、羅國泰、黃志強

1963 年默迪卡大賽	教練：李惠堂 球員：姚卓然、雷煥璇、郭秋明、羅北、李國華、郭錦洪、曾鏡洪、盧松江、陳輝洪、劉添、黃文偉、黃志強、羅國泰、李德煒、張子慧、張子岱、莫振華
1964 年奧運外圍賽對南韓	教練：李惠堂 球員：雷煥璇、郭德先、羅北、郭錦洪、李國華、陳輝洪、曾鏡洪、譚炳森、劉添、黃文偉、黃志強、羅國泰、楊偉業、張子慧、姚卓然、莫振華、陳振權
1964 年默迪卡大賽	教練：李惠堂 球員：雷煥璇、郭德先、羅北、陸文渭、郭錦洪、陳輝洪、盧松江、劉添、曾鏡洪、林尚義、黃志強、羅國泰、黃文偉、張子慧、張子岱、姚卓然、司徒森
1965 年默迪卡大賽	教練：李惠堂 球員：雷煥璇、吳添來、郭錦洪、陳輝洪、李國華、曾鏡洪、黃志強、周少雄、張子慧、張子岱、陸文渭、吳偉文、羅北、林尚義、陳鴻平、郭有、楊偉業
1966 年默迪卡大賽	教練：何應芬 球員：郭德先、雷煥璇、羅北、劉儀、盧松江、李國華、林尚義、何志坤、陸文渭、莫振華、郭有、陳振權、楊志偉、吳添來、陳輝洪、黃志強
1966 年亞運 **	球員：郭秋明、劉建中、羅北、郭錦洪、曾鏡洪、林尚義、郭有、黃志強、楊偉業、周少雄、黎展球、莫振華、麥天富
1968 年亞洲盃外圍賽及默迪卡	教練：許竟成 球員：張子岱、黃志強、劉建中、郭德先、羅北、譚漢新、郭錦洪、曾鏡洪、李炳德、郭有、林尚義、劉煥清、張子慧、周少雄、楊偉業、黃德福、莫振華、麥天富
1968 年奧運外圍賽	教練：許竟成 球員：郭德先、劉建中、羅北、李炳德、郭錦洪、曾鏡洪、陳輝洪、陳鴻平、譚漢新、黃志強、林尚義、周少雄、羅國泰、黃德福、黃文偉、楊偉業、何新華
1968 年亞洲盃決賽週	教練：鮑景賢 球員：郭秋明、羅北、譚漢新、曾鏡洪、彭志光、林尚義、黃志強、黃文偉、郭滿華、羅國泰、麥天富、陳鴻平
1968 年默迪卡大賽	教練：郭石 球員：黃志強、陳輝洪、郭秋明、郭德先、彭志光、黃振烈、陳鴻平、譚漢新、曾鏡洪、羅國泰、麥天富、陳朝基、黃文偉、歐陽振華、許烱炎、陳光耀、林芳信
1961 年亞青盃	球員：陳鴻平、張子慧、羅國材、曾榮根、謝國魂

1966 年亞青盃	教練：何應芬 球員：張子慧、彭志光、黃洪波、梁兆華、麥天富、何新華、李培德、曾聰言、楊志偉、胡順華、譚啟業、陳惠民、劉利培、陳展安
1967 年亞青盃	教練：郭石 球員：馮富強、李林、何榮興、李錦垣、周興熾、鄭偉文、曾鏡泉、岑志強、梁兆榮、吳汝賢、黎子忠、陳惠民、歐陽振華、張耀文、曾聰言
1968 年亞青盃	球員：李錦垣、陳國雄、曾鏡泉、岑志強、歐陽振華、張天明、何新華、李梅林、曾聰言
1969 年亞青盃	教練：費春華 球員：張天明、陳志佳、溫耀球、劉榮意、曾聰言、陳國雄、何新華、吳汝賢、劉東華、任國安、勞鑑泉

* 球隊完成賽前南遊，但未能入境印尼參賽。

** 原為當屆教練的鮑景賢未有出發參賽

資料來源：各年《香港時報》。

包括香港和其他東南亞地方的華僑，算是答謝他們的財政支持。

　　不少香港足球界活躍的商人，除了願意出錢支持台灣外，也有動員球員的能力。他們在促成香港華人球員代表「中華民國」扮演關鍵角色。例如沈瑞慶除了領導華協外，亦曾在南華、傑志和東華等甲組華會擁有職務，自然對球員有影響力。在香港球壇出錢支持足球者多是商人。基於他們的階級背景，他們同情國民黨實是合情合理。除了沈瑞慶外，另一位在五十年代致力促進港台足球關係者為王志聖。王志聖是上海商人，為五十年代初支持香港甲組光華會的海派人士之一。1952 年，他先是帶領光華到日本比賽，之後訪問台灣，為國民政府遷台後第一次有香港甲組球隊訪台，象徵意義不可謂不大。在台期間，光華除了與台灣球隊比賽外，還頻頻拜會黨政軍單位，蔣介石也有接見光華足球隊。[16]

　　翌年，除了光華再訪台外，南華、傑志也到訪台灣，並在台北對壘表演。據報，當時南華赴台的食宿旅費，是由台灣當局負責。[17] 和前一年的光華一樣，南華同傑志在台期間也獲得蔣介石接見，

可見台方對香港足球隊的重視程度。除了光華、南華和傑志在 1952 和 1953 年間訪台外，五六十年代曾訪台的香港甲組華會還有 1956 年的東方、1958 年的南華預備組、1962 年的五一七和傑志、1963 年的傑志和東方、1965 年的南華、1966 年的光華和 1967 年的東方。[18] 如此多華會訪台說明了當年這些華隊的主事人就算不是國民黨的支持者，也可算是同情國民黨的人士。而王志聖能在 1954 年到 1960 年間共任六屆足總主席一職，也反映出當時香港足球圈的主流意見不介懷他與台灣的密切關係。[19]

球員心態

從五十年代到六十年代初，大部分被視為一線好手的香港華人球員並非香港隊代表成員，而是「中華民國」國腳。但是，這並不表明代表「中華民國」隊的球員在政治上都認同國民黨。為「中華民國」隊立下不少汗馬功勞的陳輝洪說自己對代表哪一個單位其實沒有甚麼偏好。他說：「（1954 年亞運會）選人時我效力東方。東方是親台的，後面有陳樹桓支持，所以我就代表台灣了。」[20] 黃文偉談到他接受台灣徵召的原因時說：「當年有機會參加羅馬世運，能去那麼遠的地方是極為難得的機會。」[21] 陳鴻平則說：「六十年代時，普遍來說球員喜歡代表『中華民國』。因為待遇好些，而且出外到東南亞作賽也較受歡迎。」

雖然球員大多未必是因為民族認同或者政治認同而選擇代表「中華民國」隊，但他們也很容易察覺到代表一個國家和一個殖民地的分別。張子慧說當年代表「中華民國」隊出賽，經費往往要靠東南亞的華僑支持。只要球隊拿着旗幟探訪南洋當地的華僑組織，對方就會捐助經費，可見「你代表自己國家同代表一個殖民地是不一樣的」。[22]

而陳展安則憶述他在 1966 年菲律賓亞青盃代表「中華民國」隊遇上香港隊時，聽見當地的華僑球迷為「中華民國」隊吶喊，所以踢到末段時仍然有「不知從何而來的氣力」。[23] 相反，港隊的高寶強就提到在 1959 年到菲律賓出戰亞洲盃外圍賽與「中華民國」隊爭出線時，當地的華僑斥責香港隊的華人球員為「漢奸」並向他們投擲雜物。[24]

馬尼拉亞運

　　1954 年第二屆馬尼拉亞運會，為國民政府遷台後「中華民國」代表團首次參加大型國際運動會。當年台灣要派隊參賽，除了要靠菲律賓華僑捐錢資助外，足球隊的軍費也要香港華協會籌措。[25] 2 月 24 日，華協的遴選小組先選出二十二名球員時，球隊的經費問題尚未解決。[26] 一個月後，足聯執委會在原有的二十二名人選之上再加選七人，且要求被選中的二十九名球員登記以表示意向。[27] 同時，足總亦要求有意代表香港隊參戰者登記。當時可以代表香港隊參賽的資格為在香港出生或者在香港居留至少五年，而足總亦強調入選港隊者以後在正式國際賽不得再代表其它單位出戰。[28] 3 月 26 日，足聯再開會決選時，據稱有十八人簽字表明願意出任國腳。換言之，共有十一名球員未有簽字。不過，足聯人士決定不公佈哪些球員沒有簽字，大概是要讓沒簽字的球員不用面對輿論壓力。最後在這次會議中被選中的有十五人，包括：鮑景賢、劉儀、唐相、鄒文治、吳祺祥、陳輝洪、侯榕生、鄧森、侯澄滔、朱永強、姚卓然、金祿生、司徒文、李春發和何應芬。[29] 兩日後，到足總開會選拔港腳。參加是次足總會議的，包括王志聖和胡祖堅這兩位在兩天前出席過足聯會議的足總委員。換言之，王胡兩人參與了兩支代表隊的決選工作。足總秘書在會上讀出四十七名簽字願效力香港的球員名單，包

括 36 名華人和 11 名洋將。[30] 這四十七名球員當中，沒有兩天前被
選為國腳球員的名字。事實上，早前史堅拿已表明如果港將能被台
方徵召參賽的話，足總不會爭人。[31] 因此，早兩天被足聯選中的十五
人就沒有再在足總的會議上被提名。這種足聯先選國腳，足總再選
港腳的情況，在五十年代台港雙方都有參與的餘下賽事（1956 年亞
洲盃、1958 年亞運會、1959 年亞洲盃外圍賽）均是如此。在這次會
議中被選的二十一人當中，包括了數名當時沒有簽字效忠香港的球
員，他們是莫振華、衛佛儉、羅鏡泉和屬候補球員的謝錦河。

　　不過，莫振華後來卻沒有成為港腳。原因是他在落選國腳名單
後，引起輿論不滿。有報章引述消息指，是因為內定當選香港隊領隊
的胡祖堅為了港隊的實力起見，故促成足聯不選莫振華。[32] 另一落選
國腳的李大輝，因為在足聯的會議上被指已簽字效力香港而沒有被選
中。但後來，這位在 1948 年已替中華民國出戰奧運會的老將表示自
己沒有簽字效力香港。最後，華協方面就補選了莫振華和李大輝，並
獲台灣方面將香港區球員人數增至十七人，讓莫、李二人得以效力。

　　最後，這十七名球員聯同四名台灣區的球員（嚴士鑫、徐祖
國、儲晉清、陸慶祥）組成亞運代表隊參加馬尼拉亞運會。[33] 在分
組賽中，「中華民國」隊先勝越南三比二，再以四比零擊敗菲律賓。
兩戰全勝出線四強後，「中華民國」隊在四強以四比二淘汰印尼。
「中華民國」隊在決賽的對手為南韓。開賽不到二十分鐘，姚卓然和
朱永強便各入一球（朱永強一球為十二碼）。南韓雖在完半場前追回
一球，但下半場初段朱永強再拉開比分。接着朱永強射進他在這場
決賽的個人第三球。莫振華則在南韓扳回一城後射成五比二完場，
為「中華民國」隊奪得金牌。[34]

　　翌日，香港的右派報章紛紛強調菲律賓華僑在這次勝利的角
色，或者是當地華僑對是次勝利的反應。《香港時報》指「勝利艱苦

1954 年贏得亞運足球金牌後，以香港華將為主力的「中華民國」隊在台灣獲蔣介石接見（獲華協會授權使用）。

得來 僑胞與球員 居功均最大」。[35]《星島日報》的標題也提到：「僑胞瘋狂捧場鞭炮火箭孔明燈」。[36] 而《華僑日報》則指出：「僑胞狂熱歡呼鞭炮响澈遐邇。」[37] 港區的國腳由香港飛往菲律賓參賽，奪冠後也直飛回港，根本就沒有踏足過台灣。到 6 月 24 日，他們受台方之邀訪台，甫落機就在台北市內坐車巡遊。而與參加亞運的經費要在香港、菲律賓籌措不同，球隊訪台的經費全由台方負責，可見台方對這班「國家英雄」的重視程度。[38] 九天的訪台行程中，國腳參加了兩場表演賽，並拜會了多個黨政機關和要員。離台前一天，球隊獲得蔣介石接見。球隊向蔣介石敬致頌詞，內容再一次提到華僑的角色。以下是該致頌詞的節錄：

> 我們「中華民國」足球隊，這次在第二屆亞洲運動會場上，由於總統的精神感召、僑胞的熱情鼓舞、以及為祖國爭光榮的奮鬥決心，能夠屢克強敵，奪得錦標，現在我們把這份光榮帶了回來，要獻給我們所熱愛的祖國和領袖。[39]

衛冕亞運於東京

贏得亞運金牌後，「中華民國」隊的下一個任務是爭取 1956 年墨爾本奧運會的參賽資格。世運籌委原本已經在港選出集訓隊，但最後卻決定退出比賽。退出的原因是在外圍賽首圈，「中華民國」隊的對手是印尼隊。當時印尼與「中華民國」沒有「邦交」，而且國際足協決定印尼主場時不用懸掛雙方國旗，故台灣決定退出。[40] 到 1956 年，香港舉辦第一屆亞洲盃決賽週。「中華民國」隊和南韓爭奪東區外圍賽的唯一出線名額。雙方作主客制兩回合賽事。結果南

韓先在漢城（今首爾）勝二比零，再在台北贏二比一。在報回亞運決賽一敗之仇後，南韓來到香港贏得首屆亞洲盃冠軍。

兩年後的日本東京亞運會足球賽，則輪到「中華民國」隊來復仇。當屆亞運會的「中華民國」隊陣容全是香港區球員。在分組賽，「中華民國」隊先以二比一擊敗馬來亞；再以三比一氣走巴基斯坦。「中華民國」在八強面對兩年前在香港亞洲盃賽取得亞軍的以色列。結果羅國泰和莫振華各建一功，助球隊以二比零取勝。[41] 四強對印尼，周少雄頂入全場唯一一個入球。[42] 決賽再一次是「中華民國」對南韓。上半場，「中華民國」隊不但被李秀男射入一球落後，更有林尚義被逐而少踢一人。十人迎戰的「中華民國」隊在下半場有黃志強入球追成一比一。之後姚卓然博得十二碼，但郭錦洪射失。完場前五分鐘，羅國泰射門令對方球員以手護空門，「中華民國」隊再得十二碼。今次換上劉儀主罰中鵠。然而，李秀男旋即射破劉建中把守的大門，雙方要加時再戰。加時下半場，莫振華底線傳中，黃志強飛頂入網，為少踢一人逾一小時的「中華民國」隊以三比二再度領先。[43] 據羅北憶述，取得三比二領先後，姚卓然、莫振華和黃志強三條「烟士」就在角球旗附近不停傳球、博自由球、角球和界外球，結果成功「拉布」至完場。

雖然日本的華僑不如菲律賓多，但《香港時報》在亞運決賽翌日亦提到足球隊如何背負着華僑的期望：「中國隊果然不負千萬僑胞期望，以三比二擊敗韓國，蟬聯亞洲足球冠軍……我國隊在如雷的掌聲與歡呼交熾之下，接受光榮的金牌，大會高唱『中華民國』國歌，及『中華民國』國旗再冉冉升起，全場觀眾七萬餘人起立致敬。」[44] 亞運會結束後，足球隊由日飛台逗留兩天，得到盛大歡迎。與四年前一樣，隊員在台北街頭作花車巡遊。今次雖然未有得到蔣介石接見，但「副總統」陳誠也有與隊員會面。[45]

1958 年亞運會足球賽四強,「中華民國」隊出戰印尼
(獲中央社授權使用)。

1958 年亞運會後，「中華民國」隊由日本飛抵台灣，教練李惠堂受到熱烈歡迎（獲中央社授權使用）。

1958 年，「中華民國」隊在東京衛冕亞運金牌。圖為領隊張錦添
贈予球員羅北的紀念品（獲羅北先生授權使用）。

出線羅馬奧運

由 1954 年到 1958 年，「中華民國」隊和南韓四次在正式國際賽碰頭，雙方各贏兩次，可見香港的足球水平和南韓相當接近。到 1960 年，由香港球員組成的「中華民國」隊再逢南韓，今次的舞台則改為奧運外圍賽。在第一圈外圍賽，「中華民國」隊淘汰了泰國。到次輪則與南韓爭奪出席羅馬奧運的資格。當時南韓時局不靖，故兩回合的賽事都在台北舉行。[46] 4 月 25 日，主隊「中華民國」一比二先負。五天後作次回合賽事。「中華民國」隊在上半場得一十二碼，由莫振華主射。南韓守門員救出莫振華的射門，但來自香港的球證畢特利（Ian Petrie，即香港流浪隊的創辦人）指客隊守門員的腳部在莫振華起腳前已有動作，故要重射。[47] 南韓球員不滿判決追打畢特利。後者因而腰斬比賽。最後「中華民國」隊獲判晉級。

這次是中國足球員第三次出席奧運。但由於 1936 年和 1948 年都沒有外圍賽，故今次算是第一次打入奧運決賽週。不過，最後球隊出場時，球隊不再叫「中華民國」。原因是在該屆奧運開始前不久，國際奧委會要求台灣派出的代表團不能用 China 的名義參賽，只能用台灣的葡文名稱 Formosa（福爾摩沙）。最後台方人員無奈接受，但在開幕禮上卻打出 Under Protest（抗議中）的標語表示不滿。

全由香港華人球員組成的福爾摩沙隊被編到與主辦國意大利、英國和巴西同組。第一戰在拿不勒斯面對意大利。對手擁有後來成為世界級球星的利維拉（Gianni Rivera）和在退役後成為傳奇教練的查柏東尼（Giovanni Trapattoni）。意大利以四比一勝出，而莫振華就取得了中國人參加奧運足球以來的首個入球。之後福爾摩沙隊再負巴西零比五。該仗三度攻破福爾摩沙大門的傑遜（Gerson），在十年後將替巴西奪得世界盃冠軍。最後一仗福爾摩沙對英國，當日

1960 年羅馬奧運外圍賽，「中華民國」隊在首圈對泰國。教練李惠堂（左一）、領隊沈瑞慶（右二）、管理曾境康（右一）致送錦旗予泰國隊代表（獲華協會授權使用）。

有上陣的羅北認為該仗有爭勝的機會，但在場上姚卓然和劉添鬧意見，令球員一時大意故以二比三落敗。[48]

第二屆亞洲盃：香港華將內鬨

奧運會結束後不久，「中華民國」隊又有任務：第二屆亞洲盃決賽週。早在 1959 年 4 月，「中華民國」隊就奪得了決賽週的參賽資格。當時的亞洲盃外圍賽是以地理位置編組的。由於日本退出，而作為衛冕冠軍兼主辦國南韓又不用參加外圍賽，東區就只有菲律賓、「中華民國」和香港參賽。賽事在菲律賓舉行，採單循環制。這造就了兩支香港球員組成的球隊首度在正式國際賽對決的機會，國腳劉儀和港腳劉繼照更是親兄弟鬩牆。由於雙方在首仗都擊敗了東道主，故「中華民國」隊對香港就成為了出線權之爭。

在賽前，《星島日報》就已預料香港隊未必會踢得起勁：「在菲賽足球，觀眾又大多數是華僑，中國隊藉着僑胞的熱烈打氣熱烈捧場，每能因戰意旺盛，而有超水準的演出……何況港隊除杜永權而外，盡是軒轅帝冑，在面對自己人時，不難起了一種不便用出十足拚勁的心理作用」。[49] 換句話說，香港的華人球員面對着有華僑支持的「中華民國」隊時，會因心理因素而不全力作戰。

《香港時報》更刊登了一篇聲稱是香港隊球員所寫的文章，其中有這樣的內容：「我雖是香港隊球員，但我承認我是一個『中華民國』國民，在香港和中國隊交鋒，一種愛國心情交織，使我也不得不熱望我國家代表隊今晚得勝，而順利獲得亞洲盃決賽權，可是兵凶戰危之下，萬一不幸被香港隊獲勝，則我會成為國家的一個罪人，以一個『中華民國』國民而為異隊驅馳，我真有『無面目見江東父老』之感。」[50] 這篇文章是否真的由一名港腳所寫並不是最重要。更重

要的是，相對支持國民黨立場較溫和的《星島日報》，在這篇文章清晰地反映了《香港時報》希望透過足球報道達到甚麼效果。簡單來說，《星島日報》強調的是對華人的民族認同，而《香港時報》則不單強調民族認同，更主打國家認同。而《香港時報》作為國民黨在港喉舌，它所希望香港讀者效忠的國家當然是「中華民國」。而無論是民族認同還是國家認同，它都必然是高於對香港的認同甚至是運動場上理應全力爭勝的價值。最後，「中華民國」隊一如所料擊敗香港隊取得 1960 年亞洲盃決賽週的參賽資格，而當天在馬尼拉的比分是七比四。身為國腳的羅北認為，港隊表現差，應該是因為球員不想面對輿論壓力所致。到 1960 年 10 月決賽週在南韓舉行時，「中華民國」隊雖然在首仗以二比零擊敗南越，但之後接連以零比一不敵東道主和以色列，僅得季軍。[51] 而以色列亦成為了自 1954 年亞運會開始，第二支在正式國際賽擊敗「中華民國」隊的亞洲球隊。

政治與第四屆及第五屆亞運會和 1964 年奧運外圍賽

身為第二屆、第三屆亞運足球盟主的「中華民國」隊，矢志在 1962 年第四屆印尼雅加達爭取三連冠。當年 6 月，台灣方面在台灣舉辦了一次遴選賽，參加的球隊有台灣代表、港華代表和菲律賓華僑代表。結果港華隊的球員全部入選，中國台灣與菲律賓則各有一人入選。7 月初，球隊由香港出發前往南越西貢，展開南遊。南遊結束後，球隊卻未能如期前赴雅加達參賽。原來已承認中華人民共和國的印尼政府早已向北京承諾不會讓台灣來的代表團參賽，所以最後台方代表團的成員都不獲發簽證。[52]「中華民國」隊因此失去了衛冕冠軍的機會。

政治因素同樣影響了「中華民國」隊進軍 1964 年東京奧運之

路。1964年東京奧運外圍賽，「中華民國」隊與冤家南韓爭出線權。首回合南韓在漢城勝二比一，次回合在台北則由黃文偉射入全場唯一一個入球。[53] 按當年的賽例，雙方要在中立場作第三次較量。國際足協決定第三戰在日本舉行。但當時中國台灣與日本的關係因為「周鴻慶事件」顯得相當緊張，令前者不大願意派隊赴日參賽。[54] 此外，從競技角度而言，冬天在日本作賽可能是雪戰，這對來自亞熱帶地區的香港華將也是不利。再加上日本堅持第三戰要在1964年1月19日舉行，但因應香港本地球賽的賽期，香港華將唯一能往日本參戰的日子乃係1月21日。在種種因素下，「中華民國」隊決定棄權。[55]

到1966年，第五屆亞運會在泰國曼谷舉行。「中華民國」隊差點重蹈四年前未能參賽的覆轍。與上次被主辦國留難不一樣，這一次的攔路虎是拒絕台方要求放人參賽的香港足總。雖然足總拒絕放人，但最後仍有十三名球員不理足總禁令赴曼谷比賽（詳見第三章）。由於足總不批准球員參賽，令球員出發的日期要押後。最後這支僅得十三名球員的球隊要在三日內完成三場比賽，最後以一和兩負的成績出局，未能重奪冠軍。這十三名不理足總阻撓的球員被《香港時報》尊稱為「十三壯士」。對右派來說，代表「中華民國」隊是理直氣壯之事，對香港的認同絕不可能壓倒對國家民族的認同。正如率隊出發的領隊沈瑞慶在返港後發表聲明指：「瑞慶雖為香港一市民，亦為『中華民國』之國民，旅居海外僑胞，有義務與權利為自己國家效忠。」[56]

如果香港華人不能再擔任「中華民國」國腳，也就只能代表香港參加國際賽。《香港時報》賽鍾逆的一篇專欄因此就這樣斥責不願意見到香港華將代表「中華民國」隊參加亞運的左派勢力：

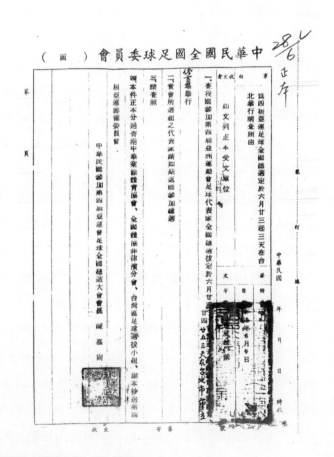

「中華民國全國足球委員會」就選拔 1962 年亞運隊的公函
（獲國際足協文獻中心館授權使用）

香港僑胞五十年來出錢出力，倡導各項體育運動，訓練僑胞青年，目的就是希望有機會爭取代表自己祖國的權利，為自己祖國和香港僑胞爭光，這些匪徒在不擇手段下，儼然以「香港國」人自視，簡直不知羞恥！[57]

當時有報道指足總會長李福樹聲言香港球員應代表香港，《工商日報》以社論回應：「我們請問李福樹先生，香港不是一個『獨立國』，香港華人球員代表中國參加亞運、世運已有長久歷史，香港政府從來不加干涉—事實亦『無權干涉』，你是足總會長，又是得力於華人球會的推選，你憑甚麼資格對足總執委會發出這種荒謬的『指示』？」[58] 無論是《香港時報》還是《工商日報》都帶着同樣的訊息，作為華人阻撓在香港居住的同胞代表「祖國」、甚至要先效忠香港，乃係大逆不道、不符合華人身份之事；對民族、對國家的認同必然是在對香港認同之上。

其他右派報紙雖然沒有像以上兩份報章那樣大肆批判足總和左派，但大致上都是同情「中華民國」隊的。例如《星島晚報》認為阻止球員參加亞運是「倒行逆施」之舉，[59]《星島日報》在足總向球員啟動紀律程序期間亦諷刺足總：「香港足球總會所以認為犯規，乃局部而且是內部之爭，照看不過是一種維持面子尊嚴的做法。」[60] 而當年足總打算懲罰十三名出戰亞運球員時，《香港時報》形同發起了抵制足總運動，鼓勵球迷不要觀看即將舉行的兩場西德球隊安德烈法蘭克福隊（Eintracht Frankfurt）訪港的賽事。結果客隊首仗對香港代表隊只得五千多人入場；次仗對港聯的入場人數也不足一萬人。[61] 連左派的《香港商報》也認為右派報章的立場是這兩場球賽失收的主因。[62] 由此可見，當時不少球迷都同情被阻止代表「中華民國」隊的十三名球員。右派輿論可說是成功利用這次紛爭爭得更多同情。

兩奪默迪卡大賽

對「中華民國」隊來說，六十年代的亞運會舞台遠不如五十年代時如意。但球隊在六十年代獲得了另一個揚威的平台：默迪卡大賽。默迪卡是馬來文「獨立」之意。第一屆默迪卡大賽在 1957 年馬來亞脫離英國殖民統治獨立的那一年舉行。自 1957 年起，默迪卡大賽就成為了亞洲足壇每年一度的盛事。

馬來亞獨立後並沒有與台北或者北京建立「外交關係」，故首數屆比賽都沒有邀請「中華民國」隊參賽。相反，香港隊則每年受到邀請，更在第一屆勇奪冠軍（詳見本書第三章）。到 1963 年，在李惠堂的建議下，大馬派出當地足總副會長林杞良來港邀請「中華民國」隊參賽。[63] 台灣方面接受邀請後決定起用全港將陣容參戰。自此，除了 1969 年那一屆外，「中華民國」隊都有參加默迪卡大賽直至 1971 年止，而球隊的歷屆成績見以下表 2.2。

表 2.2「中華民國」隊參加默迪卡大賽成績

年份	參賽球隊數目	成績
1963	7 隊	冠軍
1964	9 隊	第五名
1965	9 隊	冠軍（與南韓並列冠軍）
1966	10 隊	小組第五名（四戰全敗）
1967	11 隊	第五名
1968	12 隊	小組第四名（一勝四負）
1970	12 隊	第七名
1971	12 隊	第四名

資料來源：各年《香港時報》。

1963 年的默迪卡大賽有七隊角逐，採單循環制。結果，首次參賽的「中華民國」隊在最後一仗靠黃文偉在末段一箭定江山擊敗南

「中華民國」隊奪得 1963 年默迪卡大賽冠軍後由港抵台，
準備在台北市內巡遊。右起：沈瑞慶、羅健雲、李惠堂
（獲中央社授權使用）。

韓，以四勝二和積十分的成績奪得冠軍。[64] 右派報章對這次默迪卡大賽十分重視。「中華民國」隊奪冠後翌日，《香港時報》、《星島日報》、《華僑日報》和《工商日報》都在頭版的報頭旁刊載「中華民國」隊奪得冠軍的消息。這四份報章同日將國腳贏得冠軍的消息醒目地放在頭版，是 1954 年和 1958 年兩屆亞運足球決賽後翌日都沒有的事。雖然「中華民國」隊在 1964 年僅得第五，但到 1965 年又殺入決賽遇上南韓。「中華民國」隊由張子岱首開紀錄，南韓落後不久就扳平。結果雙方踢成一比一平手共享錦標，「中華民國」隊在三年內兩度當上默迪卡大賽盟主。[65]

兩次球隊在默迪卡大賽奪魁後，都獲邀赴台訪問。像五十年代兩奪亞運金牌後一樣，隊員得到盛大歡迎。在 1963 年那一次，蔣介石接見球隊時，更與職球員逐一握手及與各人單獨合照，可見台方對球隊勝利確是高度重視。到 1965 年，雖然蔣介石未有接見球隊，但也派出「行政院院長」嚴家淦代為接見。台方如此重視足球隊，不單是因為球隊在競技場上為國爭光，更看重球隊在華僑中的影響力。例如 1963 年默迪卡大賽期間，「教育部」部長黃季陸就曾發電給在馬來西亞的球隊鼓勵他們「為海內外同胞爭光」。[66] 而教練李惠堂在 1965 年帶領球隊與嚴家淦見面時也提到海外華僑的角色：「本隊因受總統精神感召，及海外僑胞熱情鼓勵，在球場上表現了萬眾一心，風雨同舟的精神，這次得以榮獲冠軍，是國家及每一同胞的光榮。」[67]

亞洲盃再戰香港隊

在五六十年代，香港華人球員效力「中華民國」隊，在亞運會和默迪卡大賽都兩奪冠軍。但在亞洲盃賽場上，最好成績僅為 1960

年的季軍。1964年第四屆亞洲盃，台灣放棄派隊赴以色列參賽的機會。到1968年外圍賽，亞洲足協定在1967年於台灣舉行東區外圍賽。參賽球隊除主隊外，還有南韓、日本、印尼和菲律賓。由於這次是台灣首次主辦比較大型的國際性足球賽事，台方當局高度重視。為免客隊認為台灣體育設備落後，台灣的「中華民國全國足球委員會」曾在賽事舉行前嘗試籌款於台北足球場加設夜光燈。[68]不過，最後夜光燈設備還是無法如期加設，故球賽全在日間進行。「中華民國」隊首仗大勝菲律賓九比零，之後和日本二比二，勝印尼三比二。[69]最後一戰面對已沒有可能出線的南韓，林尚義在完場前十分鐘打破僵局，助「中華民國」隊取勝。[70]主隊和日本同是三勝一和，但「中華民國」隊得十五球失四球，日本得八球失四球，故「中華民國」隊奪得唯一的出線資格。這次賽事在台灣大受歡迎，引發足球狂潮。「中華民國」對南韓的決定性一戰全場滿座，出現黃牛黨，有未能購票者更破壞台北市體育場的玻璃以示不滿。[71]而台灣的「中華民國全國足球委員會」更這樣總結是次比賽：

> 此次比賽掀起我國足球運動之高潮，今後對國內足球運動之發展與推行，深獲良好效果，尤以最後一天電視轉播，中南部觀眾鵠立電視機前，靜俟結果，當宣佈中華足球隊榮獲冠軍，國旗繞場一週時，觀眾競相雀躍，部分觀眾情緒激昂，熱淚盈眶，足證國家民族意識之提高。[72]

在贏得第四屆亞洲盃決賽週參賽資格後，球隊隨即飛赴馬來西亞參加默迪卡大賽。但球隊未能延續亞洲盃外圍賽的氣勢，僅得第五。[73]到9月底，「中華民國」隊出發到日本參加墨西哥城奧運外圍賽，與日本、南韓、南越、黎巴嫩和菲律賓六隊作單循環賽事爭一

個出線奧運會的名額。這次「中華民國」隊五戰僅能戰勝菲律賓，其餘四仗全吃敗仗，是五六十年代在正式國際賽中成績最失色的一次。[74] 因為這兩次比賽的成績都未如理想，11月「中華民國全國足球委員會」開會時就討論了一份有關培訓台灣球員的文件。該文件的前言如下：

> 我國素有亞洲足球王國之稱，大陸淪陷轉進來台後，因乏人提倡，足運一蹶不振，幸尚有香港華僑支撐殘局，迨至亞東區足球預賽我雖倖獲冠軍，但已有老大沒落之感，繼負於默迪卡，再敗於東京世運會外賽，其體型、體力、技術之差，已真象畢露，此無他、日、韓、越之能發掘新人，埋頭訓練，巡迴觀摩，急求進步，我則適得其反耳、本會有鑑及此，值改組伊始，特本「埋頭苦幹、自力更生」之原則，亦即「國內找好球員，國外請好教練」淬勵奮發展以三年，特提出現階段發展計劃，以供研討。[75]

由此可見，台方已準備減少對香港球員的依賴。所以到1968年亞洲盃決賽週時，台方就決定由十二名港將加六名台將組軍，栽培台灣球員的用意非常明顯。1968年5月，由港台球員合組而成的「中華民國」隊前往伊朗參加第四屆亞洲盃決賽週。首仗對緬甸，黃志強的入球助「中華民國」迫和對手一比一。[76] 次仗面對東道主伊朗，「中華民國」隊負零比四，即宣告爭標無望。第三仗「中華民國」隊對香港，是雙方自1959年亞洲盃外圍賽後首次在正式國際賽碰頭。本章較早前曾提到，在1959年時，在香港出版的右派報章基本上都是為「中華民國」隊打氣的，《香港時報》更表明為香港效力的華將理應也希望「中華民國」隊得勝。但到1968年，《香港時報》

在為球賽作預告時的標題卻是「本是同根生相煎何太急 但願扔包袱不計道與義」，而不再是像 1959 年亞洲盃外圍賽時那種肯定國族認同，貶低香港認同的做法。[77]

假如 1959 年一役港隊真的是因為民族情感或者是右派的輿論壓力下踢得不起勁，1968 年一仗的情況就不再一樣。當年代表「中華民國」隊參賽的陳鴻平憶述：「大家都不想輸。因為落敗的球隊很可能包尾而回。」無論是報章的表述手法還是球員的心理狀態，1968 年這一仗都跟 1959 年的情況大不相同。伊朗華僑不及菲律賓多，再加上雙方在 1968 年時都已無爭標希望（不像 1959 年一仗是出線權爭奪戰）或許都是原因所在。但這番轉變也可能同時意味着國族認同，或起碼是右派所主張的那種國族認同在六十年代末的香港已經不如五十年代那麼普及。

1968 年亞洲盃決賽週後，香港華將代表「中華民國」隊上陣的賽事就只剩下亞青盃和屬邀請賽性質的默迪卡大賽。但由 1970 年開始，由於一線的年青球員大多已是小港腳，台灣在亞青盃也不在香港徵召球員。[78] 而隨着馬來西亞與北京建交在即，「中華民國」隊由 1972 年開始也不再在默迪卡大賽的邀請名單上。[79] 換句話說，1971 年的默迪卡大賽是香港華人足球員最後一次在「青天白日滿地紅旗」下作賽。

小結

總的來說，香港華人球員在五六十年代擔任「中華民國」國腳和小國腳，一來是因為台灣缺乏足球人才；二來是因為當時國際足壇上，台灣得到國際足協和亞洲足協的承認；三來是香港華會的主事人多數支持或者起碼是同情國民黨；四來是因為當時右派的輿論

在香港球圈被才視為政治正確的觀點。香港大部分一線球星在「青天白日滿地紅旗」下效力，而且兩度榮獲亞運足球金牌和兩勝默迪卡大賽，對國民黨在香港以至東南亞的華僑社區有頗大的宣傳作用，所以當球隊取得佳績時，無論是香港的右派報章還是台方相關的官方文件，都經常提到海外華僑的角色。換言之，當國民政府在台灣風雨飄搖之際，這支由香港華人組成的「中華民國」隊就成為了國民黨在華僑社群中爭取民心支持的重要工具之一。

註釋

1　Susan Brownell, *Beijing Games: What the Olympics Mean to China* (Lanham: Rowman & Littlefield, 2008), pp. 131-132; Fan Hong and Xiaozheng Xiong, "Communist China: Sport, Politics and Diplomacy", in *International Journal of the History of Sport*, 19:2(2002), p.323.

2　"Communist China: Sport, Politics and Diplomacy", p. 323.

3　Ibid, p. 325.

4　Heidrun Homburg, 'FIFA and the "Chinese Question", 1954-198: an Exercise of Statutes', in *Historical Social Research*, 31:1(2006), p. 73.

5　"FIFA and the 'Chinese Question'", p. 74.

6　Ibid, p. 75.

7　Ibid.

8　Ibid, pp. 77-78.

9　Ibid, pp. 78-79.

10　Fan Hong, "Communist China and the Asian Games 1951-1990: The Thirty-nine Year Struggle to Victory", in *Sport in Society*, 8:3(2005), p. 479.

11　"Communist China and the Asian Games 1951-1990", p. 480；傅硯農、曹守和，《新中國體育指導思想研究》（北京：人民出版社，2012），頁 47。

12　《南華體育會一百周年會慶》，頁 70。

13　韋宇炳，〈五十四年來創會經過〉，載《香港中華業餘體育協會籌募建會基金特刊》（香港：香港中華業餘體育協會，1971）。

14　《香港時報》，1951 年 9 月 21 日。

15 《球國春秋》，頁 183。

16 《香港時報》，1952 年 6 月 20 日。

17 同上，1953 年 8 月 13 日。

18 另外，六十年代台灣舉行的介壽盃 / 萬壽盃足球賽，每年亦有香港的非甲組球隊參加。

19 王志聖在 1960 年卸任足總主席一職。1960 年 10 月，王志聖由台灣返港後兩天被警方拘捕，到 12 月 25 日獲准保釋外出，但在翌年 3 月被遞解出境，移居台灣，後來曾出任台灣省足協主席。他被捕和被遞解出境的原因未有公佈。他在抵台時受到盛大歡迎，並堅稱自己在香港生活十多年都沒有做過違法的事。見 *China Mail*, 6 Mar. 1961。但《文匯報》（1961 年 3 月 6 日）則將王志聖被遞解出境與販毒活動扯上關係。

20 陳樹桓即昔日國民黨「南天王」陳濟棠的兒子。

21 當然，也有球員會較強調自己的選擇與其政治立場相關。例如在親台學校讀書的陳展安在 2013 年台灣各大學香港校友會總會舉辦的「中華民國足球老國腳當年情講座」上就提到，就算在 1966 年時足總執委畢特利說如果他代表「中華民國」青年軍參加亞青盃，回港後將不能再註冊參加足總賽事，但他仍然「不顧一切」參加，因為「有機會代表國家，怎會在乎回來有沒有球踢」。

22 張子慧在 2013 年台灣各大學香港校友會總會舉辦的「中華民國足球老國腳當年情講座」的發言。

23 陳展安在 2013 年台灣各大學香港校友會總會舉辦的「中華民國足球老國腳當年情講座」的發言。

24 和何祥友一樣，高寶強是少數廣泛被視為一線球員但當港腳者。高寶強因為在五十年代初任職政府海關，被認為不適宜為了替另一個政權作賽而請假，故被選為港腳。

25 李建興、蕭如惠，〈臺灣第一代體育運動記者：汪清澄〉，載林伯修總編輯，《臺灣百年體育人物誌》第八輯（台北：臺灣身體文化學會，2013），頁 115。

26 《香港時報》，1954 年 2 月 25 日。亞運結束後，「中華民國」隊尚要在港和香港隊作表演賽以解決經費問題。見《香港時報》，1954 年 6 月 3 日。

27 《香港時報》，1954 年 3 月 25 日。

28 《工商日報》，1954 年 3 月 26 日。

29 《華僑日報》，1954 年 3 月 27 日。

30 《香港時報》，1954 年 3 月 29 日。

31 《華僑日報》，1954 年 3 月 23 日。

32 《香港時報》，1954 年 3 月 27 日；《工商日報》，1954 年 3 月 29 日。

33 嚴士鑫和徐祖國均是曾在香港踢球的上海球員，在五十年代初赴台定居。

34 《香港時報》，1954 年 5 月 9 日。在馬尼拉亞運，「中華民國」代表團僅得兩面金牌，除了足球金牌外，另一面金牌為楊傳廣在十項全能取得。

061

來自香港的「中華民國」國腳

35 《香港時報》，1954 年 5 月 9 日。

36 《星島日報》，1954 年 5 月 9 日。

37 《華僑日報》，1954 年 5 月 9 日。

38 《香港時報》，1954 年 6 月 14 日。

39 同上，1954 年 7 月 2 日。

40 同上，1956 年 5 月 11 日。

41 同上，1958 年 5 月 31 日。

42 同上，1958 年 6 月 1 日。

43 同上，1958 年 6 月 2 日。

44 同上。

45 同上，1958 年 6 月 4 日。

46 當時南韓民眾抗議李承晚政權在大選中舞弊。在 4 月 19 日的遊行期間，警方向示威者開火，致令一百三十九人死亡。七天後，李承晚政權倒台。見 Michael J. Seth, *A Concise History of Modern Korea: From the Late Nineteenth Century to the Present* (Lanham: Rowman & Littlefield, 2012), p. 152。

47 當年的球例不容許守門員的腳部在主射十二碼球員射球前移動。

48 1960 年奧運足球賽的出場陣容和入球球員詳見國際足協網站：http://www.fifa.com/tournaments/archive/mensolympic/rome1960/matches/index.html〔瀏覽日期：2015 年 3 月 20 日〕。

49 《星島日報》，1959 年 4 月 3 日。

50 《香港時報》，1959 年 4 月 4 日。

51 同上，1960 年 10 月 17 日、1960 年 10 月 22 日、1960 年 10 月 24 日。

52 *Beijing Games*, p. 135.

53 《香港時報》，1963 年 11 月 28 日、12 月 8 日。

54 當時日本的池田勇人內閣奉行親北京政策。1963 年 10 月，隨同大陸油壓機械考察團到日本考察的周鴻慶在日期間尋求政治庇護。日本不理台方反對，將周鴻慶遣返大陸。台灣遂召回駐日大使，並暫停政府機關及公營事業對日採購。見臧世俊，《戰後日、中、台三角關係》（台北：前衛出版社，1997），頁 123-126。

55 《香港時報》，1964 年 1 月 16 日。

56 同上，1966 年 12 月 23 日。

57 同上，1966 年 12 月 6 日。

58 《工商日報》，1966 年 12 月 12 日。

59 《星島晚報》，1966 年 12 月 8 日。

60 《星島日報》，1967 年 2 月 2 日。

61 《香港時報》，1966 年 12 月 25 日、1966 年 12 月 27 日。

62 《香港商報》，1966 年 12 月 27 日。

63 《香港時報》，1963 年 7 月 27 日。

64 同上，1963 年 8 月 20 日。

65 同上，1965 年 8 月 30 日。

66 同上，1963 年 8 月 16 日。

67 同上，1965 年 9 月 14 日。

68 「中華民國主辦亞洲杯足賽東區預賽籌建足球場燈光設備協調會會議紀錄」，《中華全國足球委員會》，國史館藏，典藏號：020-101900-0003。

69 《香港時報》，1967 年 7 月 29 日、1967 年 7 月 31 日、1967 年 8 月 4 日。

70 同上，1967 年 8 月 8 日。

71 「第四屆亞洲杯足球賽東區預賽調查票務專案小組調查報告」，《中華全國足球委員會》，國史館藏，典藏號：020-101900-0003。

72 「第四屆亞洲杯足球賽東區預賽工作檢討報告書」，《中華全國足球委員會》，國史館藏，典藏號：020-101900-0003。

73 《香港時報》，1967 年 8 月 26 日。

74 同上，1967 年 10 月 10 日。

75 「中華全國足球委員會會議紀錄（民國 56 年 11 月 10 日）」，《中華全國足球委員會》，國史館藏，典藏號：020-101900-0003。

76 《香港時報》，1968 年 5 月 13 日。

77 同上，1968 年 5 月 15 日。

78 同上，1970 年 2 月 4 日。

79 馬來西亞是否邀請「中華民國」隊參賽，似乎確與兩地之間的「外交關係」相關。「中華民國」隊在 1963 年首次參賽，翌年 11 月，東姑鴨都拉曼就同意台方設立「駐吉隆坡領事館」。到 1974 年，馬來西亞與北京建交，台方就宣佈與馬來西亞斷絕領事關係。見陳鴻琴，《中華民國與東南亞各國外交關係史（1912–2000）》（台北：鼎文書局股份有限公司，2004），頁 29、31。

五六十年代的
香港代表隊

1965 年，香港代表隊出發往馬來西亞參加默迪卡大賽
（獲莫小霖先生授權使用）。

首屆默迪卡大賽冠軍：香港

五十年代，香港華人球員除了代表「中華民國」隊贏得兩次亞運足球金牌外，尚有一次在國際大型足球賽摘下錦標，而且是以「香港」名義出戰。這次賽事就是 1957 年的第一屆默迪卡大賽。當年的香港隊由李惠堂任教練。第一仗先勝柬埔寨六比二，得以聯同主辦國馬來亞、印尼和南越進入爭標組角逐冠軍。香港先勝印尼二比一，再和馬來亞三比三，頭兩仗先取三分。最後一仗香港面對兩戰兩分的南越，再勝三比一，以五分壓倒兩勝一負的印尼奪冠。

在四場賽事中香港隊共派遣十四名球員上陣，當中九人（翁培佐、劉儀、陳輝洪、鄒文治、何應芬、司徒文、羅國泰、莫振華和楊偉韜）早在 1948 年奧運、1954 年亞運及 1956 年亞洲盃外圍賽已獲選為「中華民國」國腳。換言之，當時只有五人未曾為「中華民國」隊上陣，他們是司徒堯、李炳照、高寶強、譚迺壎和郭有。而郭有後來也成為「中華民國」隊代表。因此，這一支榮獲默迪卡大賽冠軍的香港隊不是國際賽意義底下的香港代表隊。

足總當年派出這個陣容參賽，原因有二。一是因利乘便。當年東方遠征澳洲、紐西蘭等地，故就順道讓東方遠征隊代表香港，再

1965 年，香港代表隊在馬來西亞與首相東姑鴨都拉曼
（前排中）留影（獲莫小霖先生授權使用）。

加上由港飛馬的莫振華馳援。[1] 二是默迪卡大賽是邀請賽，創辦賽事初期對球員代表資格未有如正式國際賽般嚴謹的限制。由 1957 年第一屆默迪卡大賽開始，香港足總派隊參賽共十四次。要到 1964 年那一屆起，才開始派出國際賽意義下的香港代表隊上陣。這一章除了回顧香港代表隊在五六十年代的戰績外（見表 3.1），亦會分析香港的中文報章如何看待香港隊。接着，本章將回顧足總在六十年代如何嘗試阻止香港華將代表「中華民國」隊，從而提升港隊實力。

表 3.1 五六十年代參加亞運會及亞洲盃的香港隊及戰績

賽事	香港隊陣容	成績
1954 年亞運會	領隊：胡祖堅 教練：史洒頓（Tom Sneddon） 球員：衛佛儉、司徒堯、李炳照、陸達熙、高寶強、陳志剛、朱榮華、區志賢、何祥友、張觀興、劉志炳、山度士、羅鏡泉、劉繼照、鄧宜杰、李育德、孔慶煜、薛沛然、謝錦河	· 和南韓三比三（朱榮華、李育德兩球） · 勝阿富汗四比二（山度士、陳志剛、李育德、何祥友）
1956 年亞洲盃決賽週	領隊：胡祖堅 教練：史洒頓 球員：衛佛儉、司徒堯、李炳照、陸達熙、高寶強、陳志剛、朱榮華、劉志霖、區志賢、何祥友、林錦棠、張觀興、劉志炳、山度士、韓尼波、羅鏡泉、劉繼照、鄧宜杰	· 負以色列二比三（區志賢兩球） · 和南韓二比二（鄧宜杰、高寶強） · 和南越二比二（朱榮華、劉志霖）
1958 年亞運會	領隊：夏仙 教練：黎兆榮 球員：衛佛儉、劉志炳、司徒堯、陸達熙、高寶強、陳志剛、朱榮華、劉志霖、劉繼照、何祥友、梁偉雄、張占美、劉子安、雷樹萍、黃志光、李炳照、梁杰、黃國基、李育德、區志賢、林錦棠、蔡景生[2]	· 勝菲律賓四比一（何祥友四球） · 勝日本二比零（劉志霖、朱榮華） · 加時後負印度二比五（何祥友、朱榮華）

1960 年亞洲盃外圍賽	領隊：夏仙 副領隊：劉榮浩 教練：黎兆榮 球員：衛佛儉、杜永權、司徒堯、陸達照、高寶強、陳志剛、朱榮華、劉志霖、劉繼照、梁偉雄、黃兆和、劉志炳、駱德興、龔華傑、林錦棠、區彭年、何祥友、區志賢	· 勝菲律賓七比零（劉志霖三球、何祥友兩球、劉繼照、梁偉雄）
1964 年亞洲盃外圍賽	領隊：梁兆綿、鄧泰全 教練：黎兆榮 球員：盧德權、莫小霖、李磊光、陳燦林、梁建中、張永清、馮紀魂、馮紀良、李國強、張耀國、何祥友、劉繼照、劉志霖、郭榮、區彭年、梁偉雄、林錦棠、羅桂生	· 和泰國三比三（一說劉繼照、劉志霖兩球；一說劉繼照、劉志霖、李國強） · 勝南越四比一（一說張耀國兩球、劉繼照、何祥友；一說張耀國兩球、劉繼照、區彭年；一說劉繼照兩球、馮紀良、區彭年） · 勝馬來西亞四比三（一說劉繼照、何祥友、張耀國、羅桂生；一說劉繼照、何祥友、李國強、陳燦林）[3]
1964 年亞洲盃決賽週	領隊：李文傑 副領隊：鄧泰全 教練：費春華 球員：盧德權、駱德興、廖錦明、葉錦洪、張永清、馮紀魂、區彭年、劉志霖、張耀國、梁偉雄、莫小霖、蘇文普、龔華傑、梁杰、何祥友、李國強、劉繼照	· 負以色列零比一 · 負南韓零比一 · 負印度一比三（李國強）
1968 年亞洲盃外圍賽	領隊：陳炳榮 教練：黎兆榮 球員：龔華傑、盧德權、陳少雄、駱德興、梁金耀、劉倫焯、梁偉雄、張耀國、袁權益、何祥友、區彭年、梅永達、羅桂生、霍柏寧、林英傑、李國強、鄺演英、窩利士	· 勝南越二比零（區彭年兩球） · 勝馬來西亞三比一（窩利士、李國強、鄺演英） · 勝星加坡二比零（袁權益、鄺演英） · 勝泰國二比零（袁權益、鄺演英）
1968 年亞洲盃決賽週	領隊：謝萬祥 教練：鄧森 球員：盧德權、梅永達、廖錦明、陳少雄、謝國強、黎寶忠、陳炳光、龔華傑、鄭潤如、葉尚華、鄺演英、鄭國根、袁權益、張耀國、何祥友、何耀強、李國強	· 負伊朗零比二 · 負以色列一比六（袁權益） · 和「中華民國」一比一（李國權） · 負緬甸零比二

資料來源：各年《香港時報》、《星島日報》。

第二屆及第三屆亞運會和第一屆亞洲盃

　　自足總創立以來到四十年代末，無論是選出港聯、港選對外隊，還是選出港隊參加各項埠際賽，選人範圍都是香港足總註冊球員。國籍、出生地、居留權等都不是足總選人的準則。所以這些以「香港」為名的球隊都不算是國際賽意義下的「香港代表隊」。足總第一次試圖組織國際賽意義下的香港代表隊，應是在 1951 年為了參加翌年的赫爾辛基奧運會。1950 年，香港業餘體育協會（港協）成立，並在翌年獲得國際奧委會的承認，並易名為香港業餘體育協會暨奧林匹克委員會。於是香港就能組隊參加 1952 年奧運會。[4] 為了參加足球項目，足總曾邀請各球會提名球員。[5] 但後來足總執委會決定不派隊參賽。放棄參賽的原因除了經費問題外，另一個原因是根據當時的規定，代表香港出席奧運會者均要有英國護照，故不少華將難以代表香港參賽。[6] 雖然足球隊未有參加 1952 年的夏季奧運會，但香港在赫爾辛基趁亞洲運動協會舉行會議時加入該組織，故取得了出席 1954 年亞運會的資格。[7] 馬尼拉亞運會就成為香港足球代表隊首次參加正式國際賽的舞台。

　　和參加奧運會不同，當年如要代表香港參加亞運會，只要居港滿五年就合資格。[8] 所以除了山度士（八十年代後期至九十年代初期香港首席球星山度士之父）外，當年香港隊的其餘球員悉數是華將。1954 年 5 月 2 日，香港隊在亞運會出戰南韓，可算是港隊首次在正式國際賽亮相。當日港隊的正選陣容有衛佛儉、司徒堯、劉志炳、山度士、高寶強、陸達熙、謝錦河、何祥友、劉繼照、李育德、朱榮華。[9] 開賽兩分鐘左右，朱榮華就射入港隊首球，而半場的紀錄則是一比一。易邊再戰前，港隊以孔慶煜和羅鏡泉入替陸達熙和劉志炳。下半場，李惠堂之子李育德射入兩球，但兩次都被對

1958 年亞運會足球賽八強，香港對印度（獲中央社授權使用）。

手追平。結果港隊雖然三度領先，卻只能跟南韓踢成三比三平手。[10]
除了南韓外，港隊另一支同組對手為阿富汗，雙方在 5 月 6 日交
手。開賽不久，港隊就落後兩球。由於阿富汗已被南韓以八比二擊
敗，香港隊要取得小組唯一的出線資格，就要攻入九球。所以即使
港隊後來居上以四比二取得史上首場正式國際賽勝仗，香港隊仍然
未能晉級四強。[11]

　　兩年後，香港主辦首屆亞洲盃。9 月 1 日，揭幕戰在政府大球
場上演，戲碼為香港對以色列。警察隊中鋒區志賢不但射入了亞洲
盃決賽週史上首個入球，且在此仗梅開二度，但香港隊仍輸二比
三。之後港隊先後與南韓和南越踢成二比二，以兩和一負的成績獲
得首屆亞洲盃季軍。到 1958 年東京亞運會，香港在分組賽兩戰兩勝
奪得八強資格。港隊在八強遇上第一屆亞運足球金牌得主印度。雙
方在法定時間踢成二比二平手。在加時階段，有梁杰被逐出場的港
隊連失三球，以二比五遭淘汰。[12]

出線 1964 年亞洲盃決賽週

　　上一章已提過，港隊在 1960 年亞洲盃外圍賽被編在東區一組，
與「中華民國」隊和菲律賓隊同組。港隊在決定性一仗以四比七不
敵「中華民國」隊而未能出線決賽週。這場敗仗對港隊之後的發展
有一定影響。由於普遍認為香港華將面對「中華民國」隊這支代表
華人政權的球隊實在太過尷尬，部分足總執委不希望類似情況再次
出現；再加上有足總執委認為參賽費用太高，足總遂決定不派隊參
加 1962 年亞運會。[13] 為免再與「中華民國」隊在亞洲盃外圍賽同
組，香港足總在 1963 年成功要求由亞洲盃外圍賽的東區組轉到中區
組。[14] 於是在 1963 年底，香港隊就同主辦外圍賽小組賽的南越、馬

來西亞和泰國爭取一個出席翌年亞洲盃決賽週的名額。

香港隊首仗對泰國，雙方踢成三比三平手。次仗挑戰矢志出線的東道主南越。當日為港隊把守大門的盧德權這樣回憶對南越一仗：

> 球賽一開始，對方氣勢如虹，瘋狂搶攻過來，連續十多分鐘使我們透不過氣來。只聽見日本球證突然「雞」聲一響把球賽暫停。我們四面一看，原來球場四週觀眾為了瘋狂捧主隊場，爬過三十多咪高的鐵絲網坐到球場邊沿，有些還坐到我方球門後面我們也不知道，只因我們被攻到完全投入，其他事情便不知道了，氣氛的緊張連球證也要在十多分鐘後才發覺，這時只見球場四邊荷槍實彈的士兵衝入球場，用刺刀對著人群，趕他們再次爬越鐵絲網回去原坐位，這樣擾攘了一段長時間，才可以繼續比賽。[15]

盧德權視球證暫時中止比賽為這場賽事的一大轉捩點。最後港隊連下四城，到完場前始被南越破蛋。最後一仗港隊以四比三擊敗馬來西亞。港隊兩勝一和積五分壓倒兩勝一負的南越出線。

相比同年 8 月「中華民國」隊贏得默迪卡大賽冠軍，右派對今次港隊取得亞洲區中區外圍賽冠軍的重視程度顯然較低。不過，在港隊最後一仗對馬來西亞前，《星島日報》和《香港時報》都表明渴望香港隊奪冠。《星島日報》的一篇賽前分析指港隊次仗大勝東道主的消息傳回香港後「港人皆大歡喜」，且「預祝到時員員努力，賽得冠軍歸來以慰吾人」。[16]

《香港時報》的「好波漫筆」專欄也「希望港隊今得冠軍」，但和《星島日報》不同，「港人」或者「香港人」並非該專欄的立足點。由於香港足總避戰 1962 年亞運會，令到香港隊錯過了一次參加

國際賽的機會，而且在當年香港隊參加亞洲盃外圍賽前，足總開始設法阻礙台灣徵召香港華將（詳見下文），作者好波在表明支持香港隊的立場時亦不忘提醒讀者，華將能繼續代表「中華民國」隊才是更重要的事：「為著使香港的華人球員能夠像中國隊的國腳一樣常常有機會出外切磋球藝和增長見識，和提高足總今後參加國際賽的興趣，和更重要的是避免足總嫉視中國的勝利，我們也希望香港能夠在亞洲盃中區預賽爭得勝利。」[17] 換言之，對《香港時報》來說，支持香港隊的前提，是要對「中華民國」隊有利。

左派的《香港商報》在同一日也有以「遙祝香港腳」為題的專欄。該文作者除了說「在港的球迷（包括本人在內）由今晚入黑之後，必都將望眼欲穿，坐立不安，緊張等候捷報」外，也不忘攻擊球壇內的右派勢力，暗示他們有辦法令香港隊球員「放水」：「根據歷史的教訓，有『寶島腳』同場操戈，『香港腳』實力再強，都是不能奪取『亞洲盃』的。」[18]

奪得參加亞洲盃決賽週資格後，香港隊在 1964 年遠赴以色列參賽，可惜三戰皆北只得第四。完成亞洲盃賽程後，香港隊再西飛到歐洲，展開香港代表隊史上首次征歐旅程。港隊在西德、瑞典和法國共作賽五場，但未能逃過全敗的宿命。回程時港隊在星加坡作賽三仗，也僅得兩和一負的成績，更將港星埠際賽的寶座留在星洲。[19]

出線 1968 年亞洲盃決賽週

兩年後的曼谷亞運會，香港足總又以經費龐大為由未有參賽。[20] 所以，港隊在第三屆亞洲盃後的下一次正式國際賽任務，已是到第四屆亞洲盃外圍賽。當年的中區組賽事由香港隊主辦，時任港督的戴麟趾出席了開幕禮並在最後一天賽事結束後負責頒獎。除了主隊

外，還有星加坡、馬來西亞、泰國和南越參賽，五隊在政府大球場作單循環較量。香港隊先勝南越，再挫馬來西亞。第三仗順利擊敗星加坡後，港隊在最後一戰對泰國隊。泰國隊賽前兩勝一負，故港隊就算僅負一球也能取得小組唯一的出線權。上半場，袁權益射入港隊在這次外圍賽的第四個十二碼，助港隊一比零領先。下半場港隊再有鄭演英攻入個人在這屆外圍賽的第三個入球。完場港隊以二比零擊敗泰國，順利以四戰全勝的戰績贏得出線權後，球員持着當時的殖民地香港旗幟繞場一圈。

這次亞洲盃外圍賽，右派報章視它為體壇盛事，在體育版中給予頭條的位置。不過，除了《星島日報》算在 4 月 2 日有一篇文章「望香港兒郎到時能悉力以赴」為香港隊打氣外，[21]《香港時報》、《工商日報》、《華僑日報》的球賽預告都將焦點放在分析出線形勢和港隊取勝的機會。換言之，相對起過往對「中華民國」隊的熱情，右派報紙對香港隊的支持就沒有那麼熱切了。

左派報紙方面，它們對這次亞洲盃外圍賽極度低調，甚至是顯然抵制。《文匯報》和《大公報》沒有提及港泰一戰。《新晚報》也只用了三小段預告香港對泰國一役。左派報紙這樣對待亞洲盃外圍賽，大概是出於以下三個原因。首先，亞洲盃為亞洲足協的賽事。當時的亞洲足協承認台灣，不承認中國大陸。因此左派報章提及比賽時，多將「亞洲盃」三字以引號包着，暗示對賽事認受性的質疑。第二，這次來港參賽的球隊包括了代表反共政權的南越。第三，當時中共已經在推動新興力量運動會，以挑戰主流的國際運動組織，故亞洲盃在其眼中更無認受性可言。

在左派報章中，《香港商報》算是對賽事有較多報道。但相對右派報章而言，《香港商報》對球賽顯然是表現得較低調。例如，它不像之前提過的四份右派報章那樣在港泰對決翌日刊登有關的照片，

而且在談及賽後球員拿着香港旗幟繞場一週時，該報的徐框鐸「體壇漫步」專欄有這樣的描述：

　　　　且說香港隊得冠軍，閉幕式未舉行時，先由昨戰的十一球員，圍住一支旗，一人一手去執住，作繞場一週，除了高價票及場館客有熱烈的掌聲之外，低價票及東看台看客均冷淡對待。有人不知那支係乜嘢旗，還以為是英國旗，睇真吓旗尾有一圓形圖案，又不似係英國旗，難怪多數球迷表示冷淡。[22]

　　以上的說法除了告訴讀者球迷不認識香港旗外，也暗示球迷對港隊勝利並不太興奮。這番描述跟右派報章的說法有頗大差距。例如《華僑日報》提到球員完場後繞場一周時，「球迷放炮竹歡賀」。[23]《工商日報》指「即使下雨不停，但熱心的球迷仍不願離去，沒有帶傘或雨具者，則乾脆任由雨淋，始終替香港球員捧場」。[24] 不過，就算入場球迷真的對港隊熱情，入場人數卻反映了港隊叫座力不太強的事實。在這次亞洲盃外圍賽中，除了第一個比賽天香港對南越一戰令大球場幾乎爆滿外，其餘幾個比賽日的入場人數最多也不足一萬五千人。雖然港泰一戰因為天氣欠佳致入場人數欠理想，但僅得一萬三千人入場也大概反映了香港隊在當時的香港球迷心目中的地位並不太高。事實上，相對港聯和華聯而言，香港代表隊在迎戰外隊的叫座力一向較低。表 3.2 列出的 1964 年至 1972 年新春期間外隊來港賀歲比賽的入場人數，除了 1964 年之外，每一年都是以香港代表隊出戰的那場入場人數最少。港隊和另外兩支主隊（港聯和華聯）的最主要分別就是港聯可以起用包括「中華民國」國腳和（在職業化後）職業外援在內的所有香港足總註冊球員。而華聯雖然只能起用華人球員，但球員可以是港腳、國腳甚至是來自東南亞的華人球員。由於香港代表

隊的選材範圍最小，故理論上實力也可能較弱。再加上五六十年代不少一線球星都不是港腳，故港隊最少人捧場是可以理解的。

表 3.2 1964 至 1972 年賀歲足球賽入場人數

年份及外隊	主隊及入場人數		
	港聯	香港代表隊	華聯
1964（丹麥哥本哈根，Copenhagen BC）	17,676	約 17,800	26,883
1965（丹麥奧丹斯，Odense）	28,000	4,489	19,989
1966（南斯拉夫 OFK，OFK Beograd）	28,000	16,432	27,266
1967（捷克斯洛伐克布拉格斯巴達，Sparta Praha）	約 27,000	10,973	26,614
1968（瑞士琉森，Lucerne）	約 27,166	2,990	23,690
1970（捷克斯洛伐克國際布拉堤斯拉瓦，Inter Bratislava）	28,000	13,986	22,907
1971（奧地利施華洛世奇華頓斯，Swarovski Wattens）	24,301	9,676	15,023
1972（巴西高士路，Cruzeiro）	26,318	約 13,000	26,801

資料來源：各年《香港時報》，門票售罄作兩萬八千人入場計。

翌年 5 月，港隊揮軍伊朗出戰第四屆亞洲盃決賽週。結果香港先負主辦國零比二。次仗雖有袁權益入球，但以一比六慘敗於以色列腳下。跟派遣香港華將上陣的「中華民國」隊兄弟鬩牆，則踢成一比一。該仗的入球球員為港隊的李國權和「中華民國」隊的羅國泰。末戰港隊負緬甸零比二，以一和三負的成績敬陪末席，始終未能打破在亞洲盃決賽週的不勝魔咒。

左派眼中的「港產台灣腳」

雖然曾在亞洲盃得到一次季軍、一次殿軍和一次第五名，但香港隊在五六十年代的成績無疑是在「中華民國」隊之下。主因當然

是大部分一線的香港華將都是國腳而非港腳。踏入六十年代，球圈內左派勢力和洋人都設法阻止香港華將再被台灣徵召，於是這個局面慢慢開始扭轉。

在五十年代，左派雖然在香港球圈鮮有公開的活動，但地下工作還是存在的。例如在 1956 年新春期間，中共在港澳的工作人員就組織了來自港澳的足球、籃球、羽毛球和網球隊到廣州訪問。根據廣東省體委的文件，該次訪問的目的是為了「進一步擴大港澳體育界的團結面，加強聯繫，交流經驗，鞏固已有基礎，並從而提高他們愛國主義思想，使他們進一步了解祖國建設的情況，尤其是體育事業的發展情況擴大政治影響」。[25] 該文件亦提到要徵得運動員的意見始能決定是否公佈運動員名單，可見當時廣東省當局都知道在右派為主流的球圈，如果名單外洩的話會對參加球員有一定影響。

左派球會愉園 1959 年首次在甲組亮相。雖然該會有左派背景，又曾在 1963 年嘗試為旗下的「中華民國」國腳申請改為代表香港，[26] 但在六十年代初仍然有愉園球員參加「中華民國」隊。例如黃文偉多年來就一邊效力愉園一邊代表「中華民國」隊參加國際賽。

用左派的觀點看，優秀的香港華將代表「蔣幫」，當然要反對。左派報紙不會稱代表「中華民國」的球員為「國腳」，而稱他們為「港產台灣腳」。右派報章企圖藉香港球員代表「中華民國」隊以鞏固民族以至是對國民黨的認同時，左派報章對台灣徵召港將的態度就完全是另一回事。在左報的描述下，球員是被「拉伕」去當「台灣腳」的。例如，當國際足協會長羅斯（Stanley Rous）在 1966 年亞運會前夕來電香港，要求香港足總允許被台灣徵召的球員前往曼谷參賽時（詳見下文），《大公報》作出了以下的批判：

在蔣幫「波棍」陰謀活動下，「國際足協」會長勞斯（按：

即羅斯）和「亞洲足協」副會長多薩，昨天聯名致電本港足總，公然為台灣蔣幫在港拉伕請命，向足總加壓力，要足總批准本港十六名註冊球員做「台灣腳」，以便蔣幫在國際體壇上大搞「兩個中國」的活動。[27]

《文匯報》一篇以「郭有法」為署名的專欄則就台灣徵召香港球員有這樣的見解：

> 這是百分百的政治活動。蔣幫利用香港足壇做它的養兵基地，利用香港球員做它的政治工具，還利用了香港足總做它的政治擋箭牌，因為他們來港組軍，向你要人，你既然點頭「批准」，就得分擔責任，擔負部分搞「兩個中國」政治活動之責。[28]

上一章談及香港隊在 1960 年亞洲盃外圍賽出局時，右派報章強調作為華人的民族認同以至是對「中華民國」的國家認同，以合理化港隊的敗仗。相反，左派報章在提及這場以七比四結束的賽事則指控香港球員是受到威嚇利誘而吃敗仗。例如《文匯報》就這樣記載：

> 蔣幫在香港所拉球員，一部分近況很差，其中三兩人是受傷未癒的；而香港隊員則多數是近況較好的球員。蔣幫賽前看到情況不利，施出兩項卑鄙的計策：一是派人向香港隊員威脅、利誘，要香港一部份球員放水。另一是在比賽那天，佈置大批嘍囉，在場中大聲叱喝，威脅香港隊員⋯⋯香港隊在這情形下，乃被迫失敗。[29]

《新晚報》也作了類似的報道。該文引述一位不具名的足總執委

會成員指香港足球的地位是為了服務台方的利益而被犧牲了:

> 他指出,香港的足球好手雖多,亦是遠東方面實力最強的
> 一個單位,只是由足總訓練出來的好手弄到「楚材晉用」,不但
> 在兩屆「亞洲盃」賽中沒辦法抬頭,就是在兩屆「亞運」足球
> 賽也遭受同樣不得意,弄出這種不得意的結果實在非關技不如
> 人,乃係在微妙關係上使到代表香港的球員非敗不可,此次在
> 菲舉行的「亞洲盃」東區預賽,香港隊在第二戰慘敗就是最顯
> 著的一例,這種慘敗無疑地乃在威脅利誘下所造成。[30]

西報反對台灣「搶奪」球員

除了左派輿論反對香港華將為台灣效力外,香港英文報章的態
度也是相近的。例如在討論 1966 年亞運的紛爭時,一篇在《南華早
報》(*South China Morning Post*)的文章直斥台灣「恆常地盜取我
們的球員」。對於有足總執委認為香港球員應可代表台灣,該文章
回應指:「毫無疑問,任何願意成為足總執委的人都應該將香港的利
益放在首位。」[31] 球評家麥他維殊(I. M. MacTavish)在《德臣西
報》(*China Mail*)的專欄則認為:「很難明白為甚麼香港足球總會
和香港政府可以容忍這樣明顯的搶奪。」他指球員接受台灣徵召根
本是「完全無視這個香港殖民地的足球章則和既有秩序」。[32] 簡而言
之,英文報章的立場是,香港的華人球員不應為台灣效力,否則就
是有損香港利益。這種立場與左派因為視國民黨為政敵而不滿華將
代表「蔣幫」當然有不同,但兩派反對台灣徵召香港華將的態度卻
是一致的。

足總開始和台灣爭人

在「中華民國」隊於 1963 年首奪默迪卡大賽冠軍後不久，陸軍出席足總執委會代表伊律（A. R. Elliot）要求執委會討論香港球員代表台灣的問題。[33] 當時的足總會長羅理基較以往的會長都熱衷於介入足總會務。於是，就透過他領導的決策委員會（Policy and Planning Sub-committee）就此問題展開討論。在該年 9 月的足總執委會上便通過了以下的規定：曾代表過其它地方出賽的球員不得再代表香港代表隊（representative Hong Kong teams）和香港外遊隊，而球員接納徵召後則以後都要代表香港，而有關的規定同時適用於青年國際賽和足總青訓班。[34] 換言之，除了亞運會和亞洲盃等正式國際賽外，參加港澳埠際賽、港星埠際賽、默迪卡賽以至是以「香港」名義迎戰外隊的隊伍時，足總都不會再徵召代表過「中華民國」隊的球員。而一經當選港腳者，就算不是參加正式國際賽，以後也得效忠香港隊。

撇除球員本身的政治或者民族認同不談，足總此舉對純粹想爭取參加國際賽的球員是不利的。因為入選集訓名單未必一定會入選決選名單（更遑論被派上陣），如果單是入選集訓隊就不能代表另一支隊伍參加國際賽，當然對球員不利。正因如此，足總此舉除了令替台方選拔國腳的華協不滿外，也有球員不滿，甚至出現了球員聯名入信足總要求修改規定的情況。[35] 最後執委會遵從決策委員會的決定，將有關決定放寬。經修改後，入選代表香港足總外遊或參加埠際賽（即非正式國際賽），如在一年內未再入選，即可代表其它國家或地區。而參加足總青訓班的年青球員，則如在青訓班結束後一年未被足總徵召，也可代表其它國家或地區。[36] 自此，足總在選拔球員參加埠際賽和默迪卡盃時都只會選用港腳。而外隊訪港賽

方面，也儘量安排香港代表隊作為其中一隊主隊迎戰。

在 1963 年 10 月，足總為備戰年底的亞洲盃外圍賽選出三十三人的集訓隊時，也出現了五十年代找不到的情況：就是選取已入選為「中華民國」國腳的球員。入選足總集訓大軍中的郭德先、楊偉業、陳振權和譚炳森四將剛在足總選人前一天已首次被足聯選為「中華民國」隊成員出戰對南韓的奧運外圍賽。[37] 此外，曾參加「中華民國」隊出席默迪卡大賽但未在正式國際賽上陣的曾鏡洪也被選進足總集訓隊。最後，這五名球員都選擇當國腳而非港腳。由此可見，當時球員似乎大多以當國腳而非港腳為首選。

求助國際足協

1964 年東京奧運後，國際足協秘書長卡沙（Helmut Käser）經港短暫逗留。他在 10 月 26 日和 10 月 27 日與足總人士會面兩次。根據國際足協的紀錄，卡沙在會上的其中一項工作，就是為國際足協剛於東京大會上通過有關球員代表資格的新例作出解釋。[38] 根據剛通過的國際足協規章（FIFA Regulations），球員如果因為在該地出生或者因其父的國籍、又或者根據當地法例歸化而成為該國公民，就有資格為該國的國家隊或代表隊比賽。同時，球員代表了一國後，他就不能再為另一個國家出戰。唯一的例外就是如果球員因為國家獨立、分裂或者是國家合併而令球員的國籍不自願地有變動。[39]

卡沙訪港後約四個月，足總主席傅利沙（N.B. Fraser）致信卡沙再就代表資格問題展開討論。在信中，傅利沙指香港球員代表台灣的情況有可能被扭轉，原因有二。第一個原因是到六十年代中，愈來愈多香港聯賽的球員在香港出生，與五十年代時大量球員在中國

內地出生的情況已不一樣。傅利沙強調出生地，是因為他認為根據國際足協在東京大會通過的新規章，在該地出生的球員就應代表出生地參加國際賽。傅利沙亦在信中查問曾代表台灣的球員能否代表香港。[40] 不過，卡沙的回信強調新條例清楚表示球員有資格代表哪一個國家，是取決於球員是哪國的公民（citizen）。換言之，出生地只是成為某國公民的其中一個方法。而如果球員有多過一個國家的國籍，該球員如曾代表一個單位參加正式國際賽，就不可以代表另一個單位。[41]

自我訂下代表資格

到 1966 年亞青盃賽前不久，有關代表資格的問題再起爭議。在該年 3 月 15 日的執委會中，執委會更通過了有關代表資格的新議案。該議案全文如下：

- **出生**

甲、香港出生的球員合乎代表香港參加國際賽的資格

乙、在香港足總註冊而不在香港出生的球員，如果保留或者獲得出生地的國籍，而又向香港足總執委會提交有關的國籍證明，可以代表出生地參賽

丙、在香港出生的球員，如果其父親擁有別國國籍，而又能提供證明現時父親國籍的文件兼且未嘗代表香港出賽，可選擇代表父親的祖國參賽

- **居留**

非在香港出生又未曾代表別國參賽的球員如連續在香港居

住滿十二個月，在經過執委會同意後，可代表香港參賽。這條
例適用於不在香港出生的英籍、中國籍及其他國籍而又願意代
表香港的球員。

• 歸化

　　在香港出生而又歸化為別國國民的球員，如能向香港足總
執委會提交其國籍證明文件，可以代表該國出賽。

• 批准

　　打算代表海外國家隊出賽的球員必須每次在出賽前得到香
港足總批准，而足總只會在常務執委會收到並同意球員的國籍
證明文件時始會批准。[42]

　　如果這次議案落實執行，勢將令到台灣徵召香港華將時困難重
重。首先，足總要求代表其他單位參加國際賽的球員要先向足總提
供國籍證明文件，基本上就是要球員在賽前一早辦好台灣發出的
「中華民國」護照。如果辦證趕不及，那足總就有足夠理由不放行。
而如果被台灣徵召的球員本身在香港出生，新通過的議案更要他們
向足總提供其父親的國籍證明始能成行。雖然台灣會為被徵召的國
腳和小國腳辦理「中華民國」護照，但是否能趕得及在足總執委會
開會查閱他們的護照前發出本身也是疑問，更遑論要為香港出生的
小國腳的父親發「中華民國」護照了。

　　通過這個議案後，足總將議案的內容寄到國際足協，同時查問
如有香港足總註冊球員因為父親的國籍而代表「中華民國」參加國
際賽，該球員是否需要國際轉會紙（Certificate of Transfer）。卡
沙的回信除了指出香港註冊球員代表「中華民國」上陣無需國際

轉會紙外，亦指出了足總議案的問題。簡單來說，足總最大的問題是沒有如國際足協章則那樣理解公民資格（citizenship）或國籍（nationality）才是代表資格的決定性準則。例如，足總議案指香港出生者和在香港居留十二個月者就可以代表香港，但卡沙指出，除非香港出生者和在香港居留一年者即有香港國籍，否則有關條文就牴觸了國際足協的相關條例。卡沙的回覆亦指香港足總沒有權力斷定球員的國籍身份，因為這個權力是在政府機關手中。最後，有關批准出賽的問題，卡沙指香港足總只能在強而有力的理由（strong reasons）時才能不批准代表其他單位國家隊的球員出席亞運、奧運和世界盃等正式國際賽。[43]

收到國際足協的函件後，足總執委會又在 4 月 6 日召開了一次特別執委會。由於卡沙質疑之前香港足總的新議案，所以在今次的執委會中，通過了委託修章委員會重寫有關代表資格條文的決定。雖然卡沙已清楚說明足總沒有權力判定一個球員的國籍，但執委會仍決定要求準備代表「中華民國」隊出戰亞青盃的球員須向執委會提供其「中華民國」護照，以便下次執委會在 4 月 15 日開會時檢查並批准他們參加亞青盃的申請。除了就以上的決定再查問國際足協的意見外，足總在寫予國際足協的信件中亦堅持在港出生的球員不能代表「中華民國」的立場。今次足總所給的理由是在港出生者即有英國國籍且可擁有英國護照，而沒有人能合法地擁有兩本護照，故其實他們不可能申請「中華民國」護照的。[44]

卡沙在 4 月 13 日收到香港足總的來信後，就即發電報予足總，指出只有亞洲足協才有責任檢查亞青盃參賽球員的國籍。這份電報在 4 月 15 日前及時發到香港，令到在 4 月 15 日的執委會上，足總通過了讓小國腳參加亞青盃的申請。[45]之後香港足總亦收到國際足協的信件，卡沙在信中明確說明如果香港足總對於代表「中華民國」

隊的球員的代表資格有懷疑,香港足總理應通知亞洲足協,而不是自行審查。[46]

足總既然無法審查球員的國籍證明,被台灣徵召的小國腳順利到菲律賓參加亞青盃,並在八強與畢特利任領隊的香港青年軍交手。當年有份代表「中華民國」青年軍的陳展安憶述,畢特利在香港時曾向代表「中華民國」隊的球員指如他們代表台灣參賽,回港後將不能在足總註冊。[47]最後這場比賽雙方踢成一比一平手,「中華民國」隊靠擲毫勝出晉級四強。

1966 年亞運會

國際足協既然否定了足總審查香港足總註冊球員國籍的權力,足總要阻止球員被台灣徵召,就要用其他方法。在 1966 年 11 月底,即亞運會開幕前約半個月,香港足總又一次就代表資格問題去信國際足協。經過年初的爭議後,足總在信件中已承認足總自身沒有權力去審查球員的國籍,但足總同時表明,「不明白為何我們要被迫批准這些球員⋯⋯參加像即將在曼谷舉行的亞運會等賽事,而這樣做會令到我們的賽程受到干擾」。簡而言之,足總想知道的就是在甚麼情況下,足總或者球員所屬的球會才能禁止球員參賽,又或者他們參賽時有甚麼附加條件可以加在球員身上。[48]

卡沙的回覆對足總有不利和有利的地方。不利的地方就是,卡沙重申香港足總不可能阻止香港居民代表「中華民國」隊,因為代表資格是以國籍為基礎,而非居留地。不過,卡沙也提醒已經決定不派隊參加亞運會的香港足總:既然球員是香港足總註冊球員,那麼他們就要遵守足總的規章和決定。[49]後來足總部分人士就引用了足總會章的第十一條來阻止球員代表「中華民國」隊參加亞運。該

條條文內容如下:「球會和球員在未經執委會批准下,不得參加任何慈善賽、代表性賽事或其他賽事。」[50]

12月2日,足聯像過往一樣選出了十六名球員代表「中華民國」隊參加將在12月9日展開的曼谷亞運會。這十六名球員來自南華、星島、元朗、九巴、東華和東方六支球隊。[51]亦如往常一樣,台灣方面向足總發信要求讓球員出賽。但和昔日不同的是,今次足總執委會以八票對六票否決了台方的要求。反對批准球員參賽的執委所持的理由主要是球員參賽會對本地賽事有影響。[52]足總否決球員參賽的消息傳到曼谷後,當時身在曼谷的國際足協會長羅斯便和泰國足總會長多薩中將(General Torsakdi)拍電報到香港。該電報的內容是:「中國(按:指「中華民國」)可能退出的消息已收到,令人十分遺憾。已安排賽程使他們完成香港聯賽賽事。在這裏的所有官員要求盡快重新考慮。希望收到你們准許球員參賽的電報。」[53]

按照亞運會足球賽的安排,決賽將在12月20日舉行。如果球員代表「中華民國」隊參加而又踢入決賽,將有四場香港聯賽因為有球員身在曼谷而令參賽球隊不能派出最強陣容出戰。在12月6日的執委會會議否決了台方的要求後,台方再去信足總要求重新考慮,並保證球員一定會在21日晚(即亞運足球決賽翌日)舉行的南華對星島金禧盃四強大戰開賽前返抵香港。[54]

接到羅斯的電報後,足總在12月9日再召開緊急執委會。但和上次的結果一樣,台灣的要求被否決,而今次的投票結果是九比五。在兩次會議中,投票支持球員參賽的都是甲組華會的代表(包括有球員被徵召的南華、星島、九巴、東方)、足聯代表和乙丙組代表夏仙(Jindoo Hussain)。而愉園、東昇兩支有左派背景的球隊則兩次都反對讓球員出賽。除了愉昇的出席足總代表外,還有兩名華籍乙丙組代表(郭寶民和陳福祥)及幾名洋委(代表單位包括流

浪、陸軍、港會、乙丙組）反對批准球員參賽。[55] 由此可見，左派勢力和大部分洋人在這個議題上的取態是一致的。

　　縱使足總兩番否決球員參賽，但被徵召的十六位球員中，除了三名效力星島的球員據報因為球會的態度而留港外，其他十三名球員在 12 月 12 日由香港飛往曼谷。據羅北憶述，當日決定出發的隊員各自前往啟德機場，在途中亦沒有如常穿上制服。落機後不久，球員即上陣出賽，結果以一比二不敵南越。翌日，球員再代表「中華民國」隊出戰星加坡，結果雙方踢成三比三平手。一天後，「中華民國」隊在最後一場小組賽面對印尼，如能取勝將仍有機會出線。但是，假如球隊晉身複賽，陣中的東華球員就必定會錯過 12 月 15 日東華對東昇的聯賽。由於足總一直以避免球賽因球員缺席受到影響為由而阻止球員赴泰參賽，羅北說球員最後決定不求出線。最後，連續三日上陣的「中華民國」隊以一比三不敵印尼。完成分組賽翌日，球員飛返香港，並在約兩時半到達啟德機場。當日東華對東昇的賽事於三時半在花墟場開賽，而兩名剛在曼谷趕返的球員郭秋明和黎展球亦任正選為東華上陣。[56] 換言之，球員雖然在未得足總批准下參加亞運，但亦沒有因此而錯過任何一場香港聯賽或盃賽。

　　雖然這十三名被《香港時報》尊稱為「十三壯士」的球員沒有缺席任何本地賽事，但足總仍然準備懲處。1967 年 1 月，足總成立了一個五人小組處理此案。[57] 該小組在 1 月 31 日和 2 月 1 日召集了球員進行問話。2 月 3 日，代表球員的律師胡寶星飛往英國與羅斯見面。當胡寶星在 2 月 6 日回港時，他帶回了一封羅斯寫給五人小組主委威特（W. D. White）的信件。羅斯在信中聲言，「如果球員因為代表其國家隊上陣而受罰，我肯定國際足協會考慮對貴會作出適當行動，而貴會在國際足協的會籍也會被檢討⋯⋯只要是業餘球員，在香港足總註冊的球員為其國家出賽不用任何批准或同意」。[58]

為甚麼羅斯在信中強調該十三名球員是業餘球員身份呢？原來，卡沙曾在 1966 年亞青盃前發給足總的一封信件提過，在歐洲有外流別國的職業球員不獲效力的球會放人為祖國參加國際賽的案例。但羅斯就申明，如果球員是業餘球員，任何阻止球員代表其國家隊參賽的條例都應被刪除。收到羅斯這封信後，五人小組宣佈銷案。[59]

七十年代初的爭議

自從 1966 年亞運風波後，台灣於六十年代餘下的幾年在徵召港將參賽時再沒有遇到足總的阻撓。或許，「六七暴動」使左派勢力暫時轉趨低調是原因之一。但到 1970 年，國際足協會長羅斯的一封信卻令到形勢逆轉。1970 年 4 月 28 日，羅斯發了一封信予香港足總，信中對國際足協規章有關球員代表資格的條款作出了與之前完全不同的詮釋。羅斯在信中指，出生地是決定球員代表資格的先決依據，只有在出生地未能決定球員的代表資格時，父親的國籍才能被引用作為代表資格的根據。[60] 而有關歸化的條文，則在出生地和父親的國籍都無法幫助斷定球員可代表哪個國家出賽時，才有適用的可能。換言之，羅斯將原本幾項沒有主次排序的代表資格準則，突然演繹成出生地是最重要的準則。基於這全新演繹方法，羅斯在信中說：「如果他在香港出生，他只能代表香港。如果他在台灣出生，他只能代表台灣。」[61]

收到這封信件後，足總在該年 6 月 9 日的執委會中依據羅斯的信件通過了香港出生球員只能代表香港的規定。[62] 7 月 3 日，足總更將被台灣徵召參加當年默迪卡大賽的球員名單寄到國際足協，查問如果該批球員一向是違規代表「中華民國」隊，是否可以改為港腳。[63]

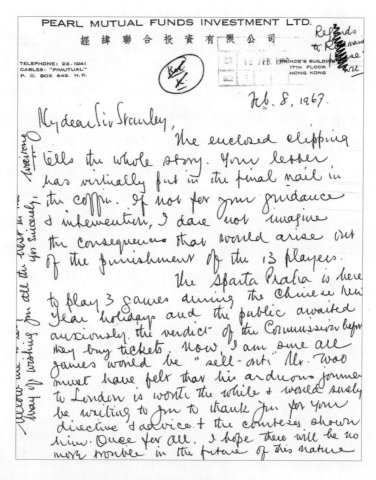

1966 年亞運會，十三名香港華將不理香港足總禁令赴泰國曼谷為「中華民國」隊上陣。在國際足協會長羅斯介入後，十三名球員未有被足總處分。事後，李惠堂親筆致信予羅斯感謝其協助（獲國際足協文獻中心館授權使用）。

台灣方面也收到羅斯用全新的方法去演繹國際足協有關代表資格的相關條例的信件。奇怪的是，台方並沒有立即提出抗議。相反，「中華民國」足委更在 6 月底將 1970 年的默迪卡大賽國腳名單及個人資料寄往國際足協，查問被徵召的球員是否符合羅斯對球員代表資格條例的演繹方法，變相接受了羅斯的決定。[64] 雖然名單上明確寫出部分默迪卡大賽國腳在香港出生且有英籍，但卡沙的回覆只是重申國際足協規章的有關條文，完全沒有提及羅斯的最新解釋。同時，卡沙更在信中對台方說：「如果他們全是貴國國民，而他們又沒有代表過別國的代表隊，他們可以被選進你們的任何一支代表隊。」[65] 換句說話，卡沙未有認同羅斯信件中認為出生地比起其他獲得代表隊資格的準則更加重要的見解。

到 1970 年底曼谷再次舉辦亞運期間，到訪的羅斯又分別跟香港足總和台方人士就代表資格的問題討論。[66] 翌年 2 月，羅斯分別致信台灣及香港。在給台方的信件中，羅斯重申了一年前他對有關條文的演繹：「在任何情況下，沒有在香港出生的球員能代表『中華民國』。」[67] 羅斯給香港的信件基本上也是對台灣極為不利。因為香港足總曾經為免麻煩，決定不處理那些曾為「中華民國」隊上陣的香港出生球員（即讓他們繼續代表「中華民國」隊）。但羅斯在信中卻表明，如果昔日有球員違規代表台灣，這並不代表日後仍然容許違規之事再度發生。[68] 換言之，羅斯要所有香港出生的球員（不論是否當選過國腳）都停止代表「中華民國」隊。

終於到 4 月初，台灣方面就羅斯的演繹作出書面抗議。「中華民國全國足球委員會」去信亞洲足協，希望亞洲足協代表台方要求國際足協一次過解決香港華人球員的代表資格爭議。信中並指出，應由國際足協執委會而非羅斯個人解決是次爭議。[69] 同時，新一屆默迪卡大賽又即將舉行，台灣繼續徵召香港華將。而由於羅斯認為香

港出生者只能代表香港而不能代表其他單位，香港足總把即將代表
「中華民國」隊參加默迪卡大賽的香港球員資料（包括出生地、所持
的旅遊證件等）發給國際足協，並向其查詢那些球員是否符合資格
代表「中華民國」隊。[70]

面對港台兩方的正式函件，這個議題終於在 1971 年 7 月的國
際足協執委會會議中被放上議程。執委會沒有採納羅斯對條例的演
釋方法。對於被台灣徵召參加默迪卡大賽的香港華人球員，執委會
只是重申過去對香港足總的建議，即香港足總無能力判斷球員的國
籍，並特別提到「球員擁有英國護照雖然即有香港國籍，但這不能
證明他們是否台灣國民」。[71]香港球員仍然代表「中華民國」隊出戰
1971 年 8 月的默迪卡大賽。

香港隊成為唯一選擇

本章先回顧了香港代表隊在五六十年代參加正式國際賽的成
績，之後又討論左派和西報的論述如何看待香港華人球員代表台灣
一事，從而解釋在左派勢力和洋人勢力的推動下，足總在六十年代
如何阻止球員再為台灣效力。不過，有關參加正式國際賽資格的規
定不能由香港足總自己訂定，而是要遵守國際足協的規定。因此，
國際足協和香港足總由六十年代中期到七十年代初就此事多次書信
來往。國際足協的立場一直都相當清晰，就是根據有關條例，只要
台灣方面認為香港的華人球員有「中華民國」國籍，發予他們「中
華民國」護照，除非他們早已為香港代表隊在正式國際賽上陣，否
則他們就有權代表「中華民國」隊。

到 1970 年，國際足協會長羅斯卻突然堅持香港出生的球員只
能代表香港。羅斯為何突然抱持這一立場，可能永遠都是一個謎。

他有可能是不滿台灣長期以來不重視自身的培訓而純粹起用香港球員。羅斯也有可能是希望藉此向中共示好，以爭取中國大陸重返國際足協。但無論如何，最後經過國際足協執委會的討論，羅斯的看法等同於被否定，香港球員繼續代表「中華民國」隊出戰1971年的默迪卡大賽。

該屆默迪卡大賽開賽前不久，足總執委會又通過了新決定。在副會長鍾逸傑（David Akers-Jones）的推動下，執委會決定禁止未代表過台灣而又在香港出生的球員代表台灣。鍾逸傑在會上聲明：「想享受香港好處的人應該代表香港。但如果他在身為足總成員時違反此一決定，他應該離開香港到另一地方踢球。」**72** 理論上，足總執委會這個決定也是不符合國際足協章則的。但自此之後，有關的爭議已沒有再出現，因為當年8月的默迪卡大賽也是台灣最後一次起用香港華人球員的賽事。自從1968年香港足球職業化後，在香港聯賽踢球的好手已不能參加奧運會或者是亞運會。為了培訓本島球員，自1970年起，參加亞青盃的「中華民國」小國腳全為台灣球員。1971年默迪卡大賽結束後不久，中國在聯合國的代表席位由台北轉到北京手中。退守台灣逾二十年的「中華民國」，在國際政治上愈見孤立。翌年的默迪卡大賽，「中華民國」隊就不再在馬來西亞的邀請名單之列。兩年後，馬來西亞更同中華人民共和國締結外交關係。此外，台灣在1971年因賽期等因素沒有參加1972年亞洲盃外圍賽。當台灣在1974年的大會中被逐出亞洲足協，因而要改隸大洋洲足協後，台灣足球就暫時離開了亞洲足球的行列，更遑論徵召香港華將參賽了。1971年默迪卡大賽後，香港華人球員如要亮相國際賽事，就只有代表香港這個選項。

註釋

1　由 1957 年到 1961 年間的首五屆默迪卡盃大賽中，足總有三屆都是派出一支球會南遊大軍的代表作為默賽港隊的班底參加。除了 1957 年是由東方遠征軍參賽外，1958 年和 1961 年則分別是由巴士遠征軍和南華遠征軍作班底。

2　《香港時報》，1958 年 5 月 21 日。

3　有關 1964 年亞洲盃外圍賽的入球球員有多種說法，就算是同一份報章的不同報道，其列出的入球球員也不盡相同。

4　Lam, S. F. and Julian W. Chang (eds.), *The Quest for Gold: Fifty Years of Amateur Sports in Hong Kong, 1947-1997* (Hong Kong: Hong Kong University Press, 2006), pp.63-64.

5　《華僑日報》，1952 年 1 月 5 日。

6　《華僑日報》，1952 年 1 月 16 日。有趣的是，在足總執委會中，華人執委都支持參加，但被當時人數佔多數的洋委否決。而當日主張派隊參賽的包括後來為台灣貢獻不少的王志聖。

7　*The Quest for Gold*, p. 101.

8　Pang, Chung and Peter Moss, *A. de O Sales: Trailblazer for Hong Kong's Road to the Olympics* (Hong Kong: Sports Federation & Olympic Committee of Hong Kong, China, 2014), p. 87.

9　《香港時報》，1954 年 5 月 3 日。

10　同上。

11　同上，1954 年 5 月 7 日。

12　同上，1958 年 5 月 31 日。

13　同上，1962 年 5 月 29 日。足總執委會決定不參賽時，尚未知道印尼會阻止「中華民國」代表團參加雅加達亞運。

14　同上，1963 年 2 月 20 日。

15　林尚義、盧德權，《香港足球史》（香港：香港集英館，1990），頁 28。

16　《星島日報》，1963 年 12 月 14 日。

17　《香港時報》，1963 年 12 月 14 日。

18　《香港商報》，1963 年 12 月 14 日。

19　《香港時報》，1964 年 7 月 9 日。

20　同上，1966 年 10 月 28 日。

21　《星島日報》，1967 年 4 月 2 日。

22　《香港商報》，1967 年 4 月 3 日。

23　《華僑日報》，1967 年 4 月 3 日。

24 《工商日報》，1967 年 4 月 3 日。

25 廣東省體委，《接待香港、澳門足球、籃球、羽毛球、網球工作計劃》，廣東省檔案館館藏：215-1-15-049～050。

26 《香港時報》，1963 年 4 月 16 日。

27 《大公報》，1966 年 12 月 9 日。

28 《文匯報》，1966 年 12 月 6 日。

29 同上，1959 年 4 月 10 日。

30 《新晚報》，1959 年 4 月 10 日。

31 *South China Morning Post*, 9 Dec. 1966.

32 *China Mail*, 31 Dec. 1966.

33 《香港時報》，1963 年 9 月 7 日。

34 *Hong Kong Standard*, 18 Sep. 1963.

35 《香港時報》，1963 年 11 月 30 日。

36 同上，1964 年 2 月 19 日；《星島日報》，1964 年 2 月 19 日。

37 同上，1963 年 10 月 15 日；1963 年 10 月 16 日。

38 Report by the General Secretary on the talks with the officials of the Hong Kong Football Association. FIFA Archives: Correspondence with National Associations HKG.

39 Ibid.

40 Letter from N.B. Fraser to Helmut Käser on 17 Feb. 1965. FIFA Archives: Correspondence with National Associations HKG.

41 Letter from Helmut Käser to N.B. Fraser on 23 Feb. 1965. FIFA Archives: Correspondence with National Associations HKG.

42 原文為英文，筆者翻譯自 Letter from Joseph Wong to Helmut Käser on 21 Mar. 1966. FIFA Archives: Correspondence with National Associations HKG。根據當時報章報道，有關決議案尚有關於國際轉會證明的篇幅，但在足總秘書寄交國際足協秘書的信件中卻未有附有有關國際轉會證明的條文。包括國際轉會證明相關條文的議案全文可參閱 *South China Morning Post*, 16 Mar. 1966.

43 Letter from Helmut Käser to Joseph Wong on 24 Mar. 1966. FIFA Archives: Correspondence with National Associations HKG.

44 Letter from Joseph Wong to Helmut Käser on 7 Apr. 1966. FIFA Archives: Correspondence with National Associations HKG.

45 《香港時報》，1966 年 4 月 16 日。

46 Letter from Helmut Käser to Joseph Wong on 14 Apr. 1966. FIFA Archives: Correspondence with

National Associations HKG.

<u>47</u> 陳展安於 2013 年台灣各大學香港校友會總會舉辦的「中華民國足球老國腳當年情」活動發言。

<u>48</u> Letter from Joseph Wong to Helmut Käser on 28 Nov. 1966. FIFA Archives: Correspondence with National Associations HKG.

<u>49</u> Letter from Helmut Käser to Joseph Wong on 1 Dec. 1966. FIFA Archives: Correspondence with National Associations HKG.

<u>50</u> *South China Morning Post*, 17 Feb. 1967.

<u>51</u> 《香港時報》，1966 年 12 月 3 日。

<u>52</u> 同上，1966 年 12 月 7 日。

<u>53</u> *South China Morning Post*, 9 Dec. 1966.

<u>54</u> Letter from Chen Shu Sheng to Joseph Wong, 8 Dec. 1966. FIFA Archives: Correspondence with National Associations HKG.

<u>55</u> 《香港時報》，1966 年 12 月 7 日；《香港商報》，1966 年 12 月 10 日；《文匯報》，1966 年 12 月 7 日。

<u>56</u> 《香港時報》，1966 年 12 月 16 日。

<u>57</u> 同上，1967 年 1 月 12 日。

<u>58</u> Letter from Stanley Rous to W. D. White, 4 Feb. 1967. FIFA Archives: Correspondence with National Associations HKG.

<u>59</u> *South China Morning Post*, 8 Feb. 1967.

<u>60</u> Letter from Stanley Rous to S. K. Chan, 28 Apr. 1970. FIFA Archives: Correspondence with National Associations HKG.

<u>61</u> Ibid.

<u>62</u> 《香港時報》，1970 年 6 月 10 日。

<u>63</u> Letter from S. K. Chan to Helmut Käser, 3 Jul. 1970. FIFA Archives: Correspondence with National Associations HKG.

<u>64</u> Letter from Lee Tsun Pu to Helmut Käser, 30 Jun. 1970. FIFA Archives, Correspondence with National Associations TPE.

<u>65</u> Letter from Helmut Käser to the General Secretary of the China National Football Association, 17 Jul. 1970. FIFA Archives: Correspondence with National Associations TPE.

<u>66</u> 《香港時報》，1970 年 12 月 26 日。

<u>67</u> Letter from Stanley Rous to Lee Tsun Pu, 2 Feb. 1971. FIFA Archives: Correspondence with National Associations TPE.

68 Letter from Stanley Rous to Siu Keung Chan, 3 Feb. 1971. FIFA Archives: Correspondence with National Associations HKG.

69 Letter from Lee Tsun Pu to the Secretary of the Asian Football Federation, 2 Apr. 1971. FIFA Archives: Correspondence with National Associations TPE.

70 Letter from S.K. Chan to Helmut Käser, 13 Jul. 1971. FIFA Archives: Correspondence with National Associations HKG.

71 Letter from Helmut Käser to S.K.Chan on 20 Jul. 1971. FIFA Archives: Correspondence with National Associations HKG.

72 *South China Morning Post*, 31 Jul. 1971.

04

外隊訪港、英國隊
和被遺忘的騷動

1965 年默迪卡大賽，香港隊（深色球衣）與南越隊（淺色球衣）在對賽前留影（獲莫小霖先生授權使用）。

由 1949 年開始，基本上每年都會有亞洲以外的球隊來港訪問比賽。至六十年代，一年有兩三支歐美球隊訪港已是常態。初時訪港的球隊多來自英國和北歐。到 1955 年底，有來自當時仍是葡萄牙殖民地的東非莫桑比克鐵路隊（Clube Ferroviario）球隊訪港。該隊對港聯的比賽更成為了政府大球場落成後的首場賽事。美洲方面，中美洲哥斯達黎加的薩比沙隊（Deportivo Saprissa）在 1959 年 5 月訪港，讓香港球迷首次見識拉丁美洲球隊的演出。翌年，又有秘魯的市政隊（Deportivo Municipal）和青年隊（Sport Boys）球員組成聯隊到訪，成為第一支訪港的南美球隊。在那個沒有衛星轉播海外足球賽的年代，縱使外隊不是世界知名勁旅，外隊賽也往往成為球壇盛事，引起球迷「撲飛」的熱潮。

六十年代的四次騷亂

在五六十年代，每有外隊來港比賽，事先均要先得政府批准。據在 1961 年任職港督政治顧問、後來成為港督的麥理浩（Crawford Murray MacLehose）稱，有關政策源於戰後初期港府擔心日本球隊

來港可能會引起觀眾生事。[1] 不過，後來政府卻似乎較擔心東歐社會主義陣營國家的球隊到訪。例如在 1961 年，南斯拉夫因為要參加世界盃外圍賽作客南韓，打算順道訪港作賽。麥理浩以當時中共和南斯拉夫關係不佳起見，建議不讓南斯拉夫出戰。不過，因為警方認為有能力處理場面，最後南斯拉夫仍有來港。[2] 到 1964 年，足總原本打算邀請赴東京出戰當年奧運的球隊來港比賽，以賀足總金禧紀念。由於多支入圍奧運的球隊都是東歐社會主義陣營的球隊，政府對於有關計劃的態度也相當消極。警務處處長伊輔（Henry Wylde Edwards Heath）不但指鐵幕國家有意在香港建立據點，而且擔心當時中共和蘇聯已全面交惡，讓蘇聯或其衛星國在港出戰可能給香港帶來不安。[3] 不過，最後各支球隊都無意來港，藉東京奧運之機搞紀念足總金禧的計劃也未有付諸實行。

雖然香港政府官員曾擔心東歐球隊到訪可能引起治安問題，但無論是南斯拉夫還是捷克斯洛伐克的球隊在五六十年代訪港，都未試過造成球迷騷亂。而六十年代四場引發球迷騷動的外隊賽事，牽涉的球隊分別來自巴西、英國（兩次）和澳洲。1961 年 4 月，首支來港的巴西球隊馬杜厘拉（Madureira）首仗對港聯。戰至下半場三十二分鐘客隊三比零領先時，港聯的陸達熙因侵犯客隊的 A 山度士被逐離場。根據《南華早報》的報道，球證般恩（Fobres Burn）同時要求受傷倒地的 A 山度士暫時離開球場，但此舉引起客隊球員不滿，混亂中有人推撞般恩，於是般恩腰斬比賽。[4] 不滿球賽提早結束的球迷拒絕離場，同時有大批球迷亦聚集在場館門外。球迷向增援的警察擲石塊等雜物，並在停車場推翻一輛汽車。警方曾出動攜有催淚彈的防暴隊，但最後在未有使用催淚彈的情況下成功驅散人群。不過，人群在被驅散時沿途破壞垃圾箱和路牌等公物。[5] 據報事件中有兩名警員受輕傷，政府則指有一人被捕。[6] 而原訂作賽三場的

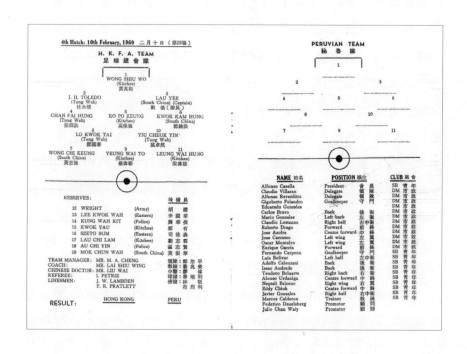

1960 年 2 月，秘魯市政隊和青年隊球員組成聯隊訪港時場刊
的其中兩頁（獲國際足協文獻中心館授權使用）。

客軍也因而未有再在香港亮相。這次騷動之後，警務處處長曾聲言考慮禁止外隊賽事。雖然政府沒有下這劑猛藥，但警方在下一場外隊賽事（南韓青年軍訪港）前就提了幾項要求。首先，球證要懂韓、英、粵三語或有通曉韓語翻譯在場。第二，球賽要踢足全場不得腰斬。第三，比賽雙方不得踢得粗野。[7]

同年 5 月下旬，另一次外隊賽又引發騷動。當日的客隊是英格蘭足總派出的職業和業餘球員混合隊。[8] 客隊陣中名氣最大的是前英格蘭國腳湯・芬尼（Tom Finney）。以四比二擊敗港聯後，英足總隊在 5 月 23 日面對華聯。雙方踢到下半場中段仍是零比零。到六十八分鐘，華聯的黃文偉在禁區內剷去湯・芬尼的腳下球，蘇格蘭籍球證畢特利認為黃文偉犯規，判十二碼球。客隊靠這個十二碼球先開紀錄，最後以三比零獲勝。翌日，大部分華報都認為畢特利的判決屬誤判，而《德臣西報》和《南華早報》兩份英文報章則認為該判決未必對。不滿判決的球迷除了在完場後向畢特利擲物外，又在大球場外聚集。除了聲討球證外，更有人在路旁找來水管等物件放到馬路上企圖堵路，又向勸諭球迷離開的警察擲物。與上次未使用武器就驅散球迷不一樣，今次警察要出動警棍始能驅散群眾。在警方行動期間，有七名群眾受傷，另有兩人被捕。[9]

六十年代第三次的球迷騷動發生在 1965 年年底。當時澳洲國家隊訪港，首仗先負香港代表隊零比一，次仗負同時訪港的瑞典球隊 AIK 一比二。到第三仗對港聯，澳洲隊以三比一勝回一仗，但因為球迷認為他們踢法粗野，所以事隔四年多後大球場又出現球迷騷亂。完場後，警方須制止球迷衝入草地。球迷繼而向警員投擲雜物，再在場外用市政局的垃圾箱擊破場館玻璃。防暴隊增援後，球迷才被驅散。過程中有一輛汽車被推翻，有交通標誌被破壞，一名警察和四名群眾受傷，另有九人被拘捕。[10] 這次騷動後約四個月，

1966 年的「九龍騷動」爆發。再過一年，由左派發起的「六七暴動」便告展開。

1969 年 6 月，英格蘭足總再派隊訪港，與港聯在 6 月 16 日作賽一場。比賽當晚的入場人數有兩萬五千人，最後客隊以六比零大勝。賽後大球場內外出現了「六七暴動」後的首次騷亂。綜合各中英文報章的報道，球迷在比賽末段開始在看台上縱火，看台上的火頭有十多個。警方於是派持槍的防暴隊到球場，預防球迷衝入球場。客隊最後需要警察護送返回更衣室。大批球迷繼而轉到場外聚集，並向路過的汽車投擲花盆和石塊等雜物。一共有五輛車被破壞，包括當時在政府職務為助理輔政司的足總副會長鍾逸傑的汽車。最後警察手持警棍驅散群眾。被驅往禮道頓方向的群眾則在路上燃燒報紙和傢俬等雜物，並破壞路上的公共設施如垃圾箱等。事件中有一洋人受傷，另有一人被捕。

在 1961 年 4 月及 5 月的兩次騷動後，警方和政府便着手研究如何杜絕類似事情再發生的方法。警務處處長伊輔在一份給輔政司的文件中，就提出兩個應對問題的方法。一是打擊不買票但在看台上山坡看球的「山寨王」球迷。另一方法就是提供更多的廉價門票。當時大球場的廉價票（以一般的本地賽事來說，即票價在一元二角或以下的門票）只佔全部門票不足三成。警察處處長認為如能出售更多廉價票，將可吸引原本在山上觀戰的球迷入場看球，到時人群管理就會較為容易。[11] 此外，主管保安工作的防衛司也在 1961 年 8 月召開了一次會議，該會議的主要內容與伊輔給輔政司的文件相若，就是如何阻止球迷在看台上方的山坡看球。[12] 由此可見，當時政府和警方基本上都認為，只要球迷是在場內看球，警方的佈陣就有可能阻止類似事件發生。換言之，沒有資料顯示政府中人將球迷的小騷亂與當時社會的潛在矛盾扯上關係。但到底外隊賽所牽動的

球迷情緒是否完全和殖民地社會中的華洋矛盾無關？本章以下篇幅將會透過分析五六十年代英國球隊訪港時中文報章的報道和評論，以探討當時足球如何反映殖民主和被殖民者之間的關係。[13]

競技運動和殖民關係

在殖民地，被殖民者在政治和經濟上處於被壓迫的地位，文化上亦往往被視為劣等。為了得到殖民主的承認，被殖民者要學習殖民主的所謂「優越」文化，而這些「優越」文化也包括源自西方的現代競技運動。[14] 被殖民者雖然不可能在殖民時代真的挑戰到殖民主的政經地位，但競技場上理論上應存在的公平競技和機會平等，卻給予被殖民者一個打敗殖民主的機會。在不少殖民社會，運動都因此在被殖民者的文化中得到特殊的地位。換言之，在被殖民者眼中，殖民主既是競技場上的學習對象，同時又是最大敵人。

就香港足球而言，華洋對抗無疑是香港足球吸引觀眾的一個重要因素。1931 年至 1932 年華會退出足總賽事，足總就因為華人觀眾裹足不前而虧蝕了三千四百元。同時，就算華協另辦華人賽事且有退出足總比賽的五支華隊參加，賽事還是因為未能吸引觀眾而提早結束，可見華洋之爭的重要性。[15] 戰後華會壟斷各大錦標後，本地賽事的華洋矛盾已沒有戰前般顯著。

雖然香港的華隊實力已遠超香港的洋隊，但面對由英國來訪的球隊當然又是另一回事。五六十年代訪港的英國足球隊共有 11 隊，當中黑池隊曾兩次來港，這些球隊在港的比賽成績詳見表 4.1。首三支來港的英國球隊為漢敦、雅典聯和飛馬。[16] 它們和戰前來港的哥靈登（Islington Corinthians）一樣都是業餘球隊。接下來的焦點將會放在之後來港的英國球隊。它們就算不是來自英格蘭甲組的職業

球隊，陣中也有大量職業球員，理論上級數比仍然處於業餘足球階段的香港球員高得多。

表 4.1 二十世紀五六十年代英國足球隊訪港賽賽果

日期	主隊	客隊	比賽結果
1951 年 5 月 11 日	港選	漢敦（Hendon）	客隊勝二比零
1951 年 5 月 14 日	港聯	漢敦	雙方賽和二比二
1951 年 5 月 15 日	華聯	漢敦	客隊勝三比二
1952 年 5 月 10 日	港聯	雅典聯（Athenian League XI）	客隊勝一比零
1952 年 5 月 11 日	港選	雅典聯	客隊勝四比零
1952 年 5 月 13 日	華聯	雅典聯	雙方賽和一比一
1954 年 1 月 1 日	港聯	飛馬（Pegasus）	主隊勝四比一
1954 年 1 月 2 日	港選	飛馬	主隊勝一比零
1954 年 1 月 6 日	華聯	飛馬	主隊勝四比一
1958 年 6 月 8 日	港聯	黑池（Blackpool）	客隊勝三比一
1958 年 6 月 10 日	華聯	黑池	客隊勝十比一
1961 年 5 月 21 日	港聯	英格蘭足總隊（English FA XI）	客隊勝四比二
1961 年 5 月 23 日	華聯	英格蘭足總隊	客隊勝三比零
1962 年 5 月 9 日	港聯	英國陸軍隊（British Army XI）	客隊勝九比二
1962 年 5 月 12 日	華聯	英國陸軍隊	客隊勝四比二
1965 年 6 月 16 日	金禧隊	錫菲聯（Sheffield United）	客隊勝三比二
1965 年 6 月 17 日	華聯	黑池	客隊勝七比一
1966 年 3 月 4 日	港聯	史篤城（Stoke City）	客隊勝七比零
1966 年 3 月 7 日	香港代表隊	史篤城	客隊勝四比二
1966 年 5 月 27 日	香港代表隊	錫週三（Sheffield Wednesday）	客隊勝二比一
1966 年 5 月 29 日	華聯	富咸（Fulham）	雙方賽和二比二
1966 年 6 月 1 日	錫週三	富咸	主隊勝五比二
1967 年 5 月 25 日	香港代表隊	蘇格蘭國家隊	客隊勝四比一
1969 年 6 月 16 日	港聯	英格蘭足總隊	客隊勝六比零

1958 年：黑池首度訪港

黑池是第一支訪港的英國職業球隊。該隊在 1958 年 6 月初首

度來港，當年隨隊的包括有大名鼎鼎的「魔術腳」馬菲士（Stanley Matthews），自然引起熱潮，黑池在港首次作賽當日雖然天氣欠佳，但大球場仍幾近爆滿。次仗對華聯時，大球場座無虛席，最後黑池以十比一大勝華聯。翌日，香港的中文報章除了大讚黑池隊外，亦紛紛將客軍視為香港足球的學習對象。例如《香港商報》的一篇球賽評論就以「香港應向黑池學些什麼？」為題，內文提到「我們需要做的，是從黑池隊裏，吸收他們的優點」。[17] 類似的觀點也可在其他中文報章中找到，以下是部分例子：

> 《新晚報》：黑池不愧職業腳：防守緊，包抄快，位置好，馬菲士善為隊友製造機會。值得香港球員學的很多。[18]
>
> 《星島日報》：香港的足球界太渺小了。所謂技術水準，比起歐洲方面有很遠的距離，受過昨晚慘敗的教訓，又吸收過完全「冇得打」的作戰經驗，此後應該對技術上虛心研究，更求進步，所以，我們認為昨晚華聯雖然慘敗，但在技術上使他們增加不少見識，應以黑池為益友，感謝它給予香港足球界上了一次最有價值的一課。[19]

除了着香港足球向來自英國的職業球隊學習外，部分華報亦提及華人與洋人間的矛盾。例如《大公報》有這樣的報道：「四面都有洋人搖着竹器『必拍』……替黑池打氣。有說：『洋隊畀華隊打到冇得打……，呢次吐氣揚眉，重唔沙塵番下咩！』」[20] 《文匯報》的賽事花絮中有此一說：「黑池之勝，使香港的英國球員神龍活現，一如他贏了波。有個華會球員說了句：職業腳走，你們還是要經年累月的捱打的。」[21] 換言之，黑池大勝也被視為自從華會壟斷本地賽事各大錦標後，幫助在港洋人在足球上挽回聲譽和地位的一仗。不

過,《大公報》和《文匯報》都將以上有關華洋矛盾的描述放在球賽花絮的欄目,即沒有視之為與這一場球賽相關的重要議題。

較特別的是《香港時報》沒有就黑池的演出大書特書,卻強調華聯慘敗是華人的恥辱,甚至要求華聯球員「撫心自問」是否有盡全力作戰。對該報而言,華聯所盛載的是香港華人的地位和希望,故該報如此勸勉華聯球員:「經過昨夕之戰,華聯慘受大敗之恥,應知所警惕苦練,以後對抗外隊,勿再歷史重演,以副(按:應為「負」)國產球迷之厚望。」同時,該報也報道了在大球場華人洋人的不同反應:「賽後,洋人趾高氣揚,不可一世,國產球迷為之氣結不已。」[22]

黑池是職業足球隊,其實力遠高於香港球員乃係理所當然。在大勝華聯十比一後,作為殖民主而且是現代足球發祥地的職業球隊,黑池被視作香港球員的學習對象。但同時,華洋矛盾在香港顯然存在,並通過部分報章就看台上華洋球迷立場壁壘分明地透視出來。

1961 年:英格蘭足總隊訪港觸發騷動

如前所說,1961 年訪港的英格蘭足總隊在對華聯一仗靠一個問題十二碼打破缺口,因而觸發球迷騷動。因此,賽事翌日華報沒有再如三年前黑池大勝華聯後那樣歌頌客隊。首先,報章不再認為客隊實力遠勝香港球隊。《香港時報》指「客軍球員細膩腳法並不多見,大刀闊斧作風,實難適合香港球迷『胃口』……『英國波』亦不外如是」。[23]《文匯報》也認為英隊的非主力球員「除了體力身材比香港好之外,個人技術甚至有些不及香港之感」。[24]

除了不認為客軍實力高之外,多份華報都指責英足總隊踢法粗

野和欠缺體育精神。如《新晚報》除了指「球證枉罰華聯」外，亦指英隊贏得「肉酸」：「客隊有若干球員常以體力較佳而踢出茅波。不斷地引起看客們反感。」[25]《大公報》亦斥責「英國隊⋯⋯窘態畢露，而一些球員⋯⋯都有毛手毛腳之動作出現、如拉人、如踢腳、如推人、甚至罵球證」。[26]

對《香港商報》來說，客軍將「踢人拉人罵球證的醜惡態度顯露出來」，是因為「華聯隊打出了令人振奮的鬥志和勇拼精神，不但守得穩，而且積極爭取進攻，英國隊被攻得『發茅』，原形畢露。」[27] 像左派的《香港商報》一樣，《香港時報》亦認為客軍的粗野踢法是被華聯的優異表現逼出來的：「英國隊昨晚遭遇強勁對手，圖窮匕現，拉手拉腳，大打茅波，體育精神蕩然無存。」[28] 該報更進一步譴責英足總隊：

> 英國隊昨晚果然得勝了，但面子卻由此丟盡！英隊面子在香港丟盡，不是因為他們祗勝華聯 3：0，而是因為他們在窮兇極惡大踢埋牙波的醜態下，只靠他們英國人球證幫到出面無辜罰一個十二碼球而打開他們不光榮的勝利之門。[29]

和三年前黑池訪港時一樣，《香港時報》也比其它報章對華聯隊賦予額外不同的意義。該報不但盛讚華聯隊球員踢得出色，而且指「另有一點是更使全中國人感動和感動到下淚的是他們在對方推，拉，踢，撞的踢法下，全隊球員⋯⋯冷靜地作戰，毫不動火，更不以牙還牙」。[30] 換句話說，華聯隊的體育精神遠勝英國球員。對該報而言，華聯球員是代表香港的華人上陣的，他們所捍衛的是華人的尊嚴和光榮。該報的評論特別提到駱德興一次「投水一般投到敵鋒的腳前」，用背部阻止對方的近射：

他是以血肉之軀來保衛華聯的城池來替全港中國人爭光榮！這一幕動人的鏡頭，相信看台上有血性有情感的中國觀眾都會在聲震山谷的歡呼聲中像我一樣流着熱淚拍掌嘶喊的。[31]

根據《香港時報》的說法，居港華人的敵人是居港的洋人：「戰後這十多年來，每一個歐洲隊來港，香港都有許多洋人義務供給情報，關於華聯的更詳細⋯⋯他們要那些歐洲隊打垮港隊，更要那些歐洲隊大勝華聯。」而洋人鼓勵客軍的原因是：

戰後十多年來，我們華人的足球已抬頭，和壓着他們來打⋯⋯他們認為祇有港隊敗給，華聯慘敗給他們的歐洲隊，他們才可出一口氣，挽回一些面子。他們留居香港，只把香港土地和財寶當作他們的，香港的中國人仍是中國人，而不屬於他們所有的一部份。香港華人足球的光榮，他們當作是他們的恥辱。[32]

由此可見，《香港時報》認為居港洋人在歐洲球隊訪港時支持客軍，而且認為洋人這種心態反映出殖民者只是掠奪者，而沒有打算和作為香港人口的主要組成部分的華人站在同一陣線上。

1962 年：英國陸軍足球隊訪港

英格蘭足總隊訪港一年後，英國陸軍足球隊來港作賽。儘管客軍的球員都有軍人身份，但大部分球員均是在英格蘭或蘇格蘭聯賽球隊效力的職業球員。當中最著名的是效力格拉斯哥流浪的蘇格蘭國腳白士打（Jim Baxter）。[33] 雖然客軍先大勝港聯九比二，再勝華

聯四比二，但華報普遍都不認為客隊是強隊。《香港時報》指相對大勝港聯一仗，客隊在對華聯一仗時「的推進已慢了很多，射門也欠勁準，即使利用他們的體力，也佔不到怎麼便宜」。[34] 而《文匯報》亦指客軍「作戰方式古老並無值得觀摩之處」；[35]《新晚報》則認為「論技術，香港觀摩之而無所收穫」，客軍之勝只不過是「夠氣力夠速度」而已。[36]《香港商報》更提到英軍水平根本與香港球員在同一個檔次上：「若果在季中，香港球員狀態佳，體力好，而排出完整陣容時，只算與香港五五波也。」[37]

然而，客軍的實力其實都不是輿論的焦點。在華聯不敵英軍隊後翌日，華報幾乎一致痛斥客隊的球風令球賽在球迷的喝倒聲中進行。例如《文匯報》以客軍「臨別一仗大打茅波」為題，並在評論中批判客軍的比賽態度：「由於客隊的目中無人，囂張傲慢和球證的不敢於執法，依章用權，造成了一場使觀眾感到不滿的、不愉快的比賽。」[38]《新晚報》的描述更加細緻。該報指客隊因為無法將比分拉開，故：

> 「牛氣」大發，起碼有四五個球員在眾目睽睽下，常常動粗，拉手拐腳，不一而足，引起座上看客大起反感，頻頻報以噓聲。而球證麥揚輝，在此種情形下也處理得太寬，縱容了客隊球員越踢越茅……他們雖然贏了波，卻贏不到球迷之心，丟架而走，確實活該！[39]

《香港商報》也指客軍「大打茅波，在華隊猛攻下，各種陰濕手段出齊，表現出毫無體育精神！」[40]《大公報》直斥客隊的球品「惡劣」，所以「全場觀眾都不停地喝倒采。可以說：這是訪港外隊中最囂張、最缺乏體育道德的隊伍之一」。[41]

像左派報章一樣，右派報章都不滿英軍隊的演出。《星島日報》指客軍表現出「『優越感』的態度」，已算是相當溫和的批判。《工商日報》則索性以「英軍昨勝華聯四比二 但演出極粗野 被球迷喝倒采 J白士打體育精神最差」為球賽報告的標題。[42]《香港時報》也直斥客隊是「丟面」:「戰後這十多年來，來港的外隊，無論是來自歐洲的，美洲的，抑或是亞洲其他各地區的，我們從未見過體育精神這樣差的球隊。」對該報來說，丟面的不單是客隊本身，還有在港的英國人。該報評論特別提到白士打:「J白士打這樣粗野，狂妄，自大，無恥，荒謬，不但使昨天在座的英國人面上無光，而且會封了英國隊以後來港的路。」[43]

儘管這一仗華聯的表現不及一年前那樣神勇，但《香港時報》還是藉此機會強化華人的民族認同。和 1961 年一樣，該報以中國人的風度與沒有體育精神的英國人作一對比:

雖然華聯球員也有一兩個球員在忍無可忍以牙還牙，但全場國產球迷看到我們的華聯健兒被英國人欺凌，內心已經非常憤怒，也祇有喝倒彩，保持我們泱泱大國的風度。如果昨天的球迷個個都是 J 白士打，我相信這隊英國陸軍足球隊昨天已經變了「古來征戰幾人回」了。[44]

1965 年:錫菲聯、黑池賀足總金禧

1965 年 6 月，錫菲聯和黑池完成他們的紐西蘭之旅後到港，作兩場表演賽以慶祝香港足球總會成立五十週年。錫菲聯面對足總的金禧隊小勝三比二。崔護重來的黑池則再對華聯，且繼 1958 年後又

一次大勝而回，今次比分為七比二。當年錫菲聯在甲組聯賽的排名比黑池高，但錫菲聯一仗入場人數少於一萬三千人，黑池一役卻全場爆滿。可見，即使黑池已無馬菲士在陣，但在香港球迷心目中仍有一定分量。

今次再沒有華報指責英隊踢法粗野。但一如 1961 年和 1962 年時一樣，英國球隊（即使今次來港的兩支球隊都是當時英格蘭頂級聯賽球隊）都被華報視為技術平平而且僅靠身體質素克制主隊的球隊。就算是錫菲聯亮相前，《文匯報》已經作此預告：「如果說，今晚與香港足總金禧隊較技於大球場的錫菲聯隊是技勝一籌，倒不如說，他們將在身材及氣力方面佔了優勢。」[45] 錫菲聯小勝金禧隊三比二後，其他報紙也以類似的觀點評論錫菲聯的表現：

> 《星島日報》：他們個人技術沒有過人之處，整體戰的合作功夫亦未見突出，除了體力及氣力較優之外，在球技方面而言，只有頭球較港隊為佳，其餘腳下功夫平均不及港隊那麼細膩。[46]
>
> 《香港時報》：「職業腳」仍不時有交錯波的動作出現，腳法平平，還比不上西德史托加好看。[47]
>
> 《新晚報》：技術平平無奇，無突出之處 …… 演出除了以體力和氣力配合走位較佳外，其他沒有什麼特殊的表現。[48]

而七年前向香港觀眾示範了職業球隊水平的黑池隊，縱使能以七比二再次大勝華聯隊，但賽後華報已不像 1958 年那樣盛讚黑池的演出，它們將黑池大勝的原因歸因於雙方身體素質的差異。如《香港時報》認為黑池勝利是「憑天賦體高，趁氣足力充時盡量利用高空控制優勢，採長傳急攻」。[49]《文匯報》更認為在基本技術上，華

聯球員和黑池球員無大分別：「就基本技術而言，香港球員腳法不算差，但假如一天香港球員不設法增進身體條件訓練，改善體質，恐以後仍難與歐洲勁旅爭持。」[50]《新晚報》亦認同身材是華聯和黑池的主要分野，該報這樣形容華聯球員：「雖個人的腳上功夫不錯，但因身材吃虧，對於爭奪高空波根本不行。」[51] 在總結兩支英格蘭職業球隊的演出時，《香港商報》和《工商日報》都指他們只有身材、速度和體力比香港球員好：

> 《香港商報》：「職業腳」到底具有「職業腳」的特色：體力、速度好。儘管兩英隊在打法上沒有什麼新的東西可以借鏡，但它們的體力與速度的特點，正是港將最缺乏的。若果港將在這兩方面加強，相信港英的足球實力是可以成為「五五波」的。[52]
>
> 《工商日報》：從兩隊英國職業足球隊伍演出，他們的射門工夫，未算得登堂入室。黑池昨勝，勝在體力和人高，如果華聯同等高度體力，客軍不易言勝。[53]

簡而言之，如果英國球隊尚有東西值得香港球員效法的話，那應學習的東西就絕不是黑池隊初次來港時表演過的超卓腳法和技術，而是體力、速度和身材等。

1966 年：史篤城、錫週三、富咸訪港

1966 年 3 月，史篤城訪港作賽兩場，是為推廣英國貨的「英國週」活動之一。史篤城先勝港聯七比零，再以四比二擊敗香港代表隊。史篤城在港兩場賽事的上座率都不理想。首仗大球場的入座率約為五成，次仗則只有約四千人入場。入場人數不多的原因有很

多，輿論認為主隊人選欠佳為原因之一。而另一個可能相當重要的原因，就是如《星島日報》所言：「英國波不合港人口味。」[54]

類似的觀點也可以在其他報章找到。《文匯報》在史篤城完成兩場比賽後如此批評史篤城隊：「英國保守的打法，強調身型、體力，而失去了香港球迷所愛好的細膩腳法，漂亮隊形了。」[55]《香港商報》則直指客隊「『高 Q 大腳』的硬技術，不合港觀眾的胃口。儘管它們波好，但未得到球迷的欣賞⋯⋯看來『英國波』，在香港是沒有市場，足總今後再請英國隊來港，就要三思而後行，慎重較好！」[56]《香港時報》在評論史篤城的演出時指出，類似的踢法早已存在於在港作賽的英國人中：「他們長傳急攻，貼身盯人，波到人到，出腳快，憑着身材高大橫衝直撞，這在香港的英國球員，已經給球迷看到膩了，所不同的是這個英國職業球隊，腳法平均較好，控球射門亦比較準勁，都是粗枝大葉功夫。」該報道指香港球迷愛看的是「中南美洲那些細膩波」，因此對「客隊這種粗線條踢法，不感興趣」。[57]

史篤城在次仗對香港代表隊時，曾一度落後兩球。不少華報都指客隊能反勝四比二，與球證柏立不無關係。如《香港商報》直指「英軍十二人參戰」，「下半場英國人球證柏立竟然幫自己人幫到出面，此可忍孰不可忍，球迷又為之鼓噪起來」。[58]《大公報》和《文匯報》的標題分別有「球證吹贏史篤城隊」一句和「『祖家』球證大力幫忙 史篤城勝得不光彩」兩句。[59]右派的《工商日報》亦認為「執法球證柏立對港代表隊常常作吹毛求疵的判罰」，[60]而《香港時報》除了指「英國史篤城隊昨晚打十二個球員」外，亦指球證的演出令球迷遷怒於洋人：

散場後觀眾憤憤不平的大罵英籍球證「天官賜」柏立，指

他一面倒向英國隊，對「祖家波」偏袒得太「離譜」，一部分衝動的球迷，在加山道上還有英人的兩部私家車，他們包圍汽車喊吶咆哮，還向車頂擲石⋯⋯部分球迷好似遷怒所有西人，離場西人都十分濕熱，有兩個西人急急腳走，但有些球迷竟然跟著他們起勢吆喝謾罵⋯⋯直跟到利舞台那兩個西人球迷始能脫身。[61]

到該年 5 月，又有另外兩支英格蘭甲組職業隊——錫週三和富咸——訪港。他們到港是為參加英美煙草公司和香港足總合辦的「足球節」。兩支英隊除了分別與香港代表隊和華聯對戰外，亦在大球場互相對壘。

英國足球技術不行，只靠體力，不受港人喜愛的說法繼續出現在報章上。錫週三對港聯一役，大球場只得五成人入場。對於相當冷清的場面，《星島日報》認為原因是「可能球迷對英國足球技術失了信心」。[62]《香港時報》則指英國足球的「硬橋硬馬作風，沒有什麼花巧細膩腳頭可見，所以（球迷）不大有興趣去欣賞」。該報亦批評錫週三的踢法不好看：「擬用充滿體力和有高速動作衝撞的英國踢法，進攻時多行長傳急攻，看不到歐陸和南美的細膩踢法。」[63]《新晚報》也指錫週三只不過「憑著體力常製造高空攻勢」。[64]《工商日報》亦認為錫週三演出的是「英國固有的踢法，脫不開急攻長傳，配以地波短傳切入，可是腳下工夫未夠，每每半途而廢」。[65]

英國足球這種印象大概在當時已是相當深刻，否則就難以解釋為何當富咸隊多作短傳時，《文匯報》仍然堅持這不是他們真正擅長的踢法：「大概客軍想迎合香港球迷胃口，故意在進攻時打出一些三角短傳，交叉走位，左插花，右插花，但一眼看出這就不是他們的本家工夫，這一花招得不到什麼實際效果。」[66]《大公報》則指兩支

客隊「那種粗線條的踢法，端的非香港的球迷所歡迎」。[67]

錫週三小勝；富咸未能擊敗主隊，更令輿論對英國球隊的理解愈加負面。《星島日報》直言「英國『職業波』也沒有甚麼突出」。[68]《文匯報》直截了當地指如果純論技術腳法，香港足球水平其實跟英國相差無幾：「英國波……利用快速及體力身型取勝。倘論個人技術之細膩，合作之默契，香港選手與之相較，亦不過兄弟波而已。」[69]《香港時報》的意見也相近：「以個人技術而論，香港球員比錫週三隊並不遜色，客軍全靠身體好，有體力氣力和速度，才能佔上風。」[70]

1967 年：蘇格蘭國家隊訪港

一年後，蘇格蘭國家隊訪港。香港是該隊在 1967 年遠東、大洋洲之旅的其中一站。根據原來的安排，蘇格蘭先對華聯，再對香港代表隊。但適逢發生「六七暴動」，對華聯一仗因為政府頒佈宵禁令而取消。對香港代表隊一仗雖然最後能順利舉行，但在「暴動」陰影下，政府大球場也只得五千多人入座。最後港隊憑窩利士打開紀錄，但之後連失四球，以一比四告負。

蘇格蘭的足球傳統與英格蘭有分別，曾經一度被視為比英格蘭足球更着重短傳入滲。因此，華報顯然對蘇格蘭隊有對其它英國球隊有不一樣的期待。可是，最後客隊的表現依然未符預期。例如《香港時報》的評論雖然指蘇格蘭「技高兩皮」，但也提到：「蘇格蘭足球擅長地波短傳，觀眾昨晚以為可以欣賞到客軍的細膩短傳踢法，可是，除了中場短傳推進之外，進攻多用長傳急攻。」[71]該報的球賽報告也對客軍的演出感到失望，且提醒讀者蘇軍踢法和其它英國球隊無顯著分別：「客軍演出，毋容諱言，身材高大結實，氣力

充沛，加上鬥志旺盛，佔盡便宜，普遍頭球俱佳，奈仍屬英國波踢法多用長傳急攻，很少用細膩的短傳滲透進攻堅鏡頭。」[72]《華僑日報》在讚賞蘇格蘭為「世界波」之餘，也提到「昨晚並不見發揮看家本領蘇格蘭短傳絕技，採長傳急攻」。[73]《工商日報》的賽後評論指「蘇格蘭確是一枝雜牌軍，地波短傳，合作並不純熟，遂不時為港隊截出，但蘇隊失了一比零後，全用急攻長傳，球到人到，便一球一球攻入」。[74]

在蘇格蘭隊訪港時，《文匯報》、《大公報》和《新晚報》因為支持「反英抗暴」而取消了體育版。不過，它們沒有利用來自英國的蘇格蘭國家隊訪港這事以宣示反英立場，所以根本沒有提及蘇格蘭對港隊一仗。至於另一張左派報章《香港商報》則認同蘇格蘭隊實力在港隊之上，但同時強調客軍「冇厘丰度十足波牛」。[75]該報亦指足總早就不應該邀請蘇格蘭隊訪港，除了因為「香港球迷在近年來已經很討厭看英國波」，還將入場人數少歸因於殖民者的壓迫：因為「港英當局……製造血案，港九同胞開展『反迫害運動』，這個氣候更確定球迷不會熱心去捧『英國波』的場」。[76]

1969 年：英格蘭足總隊再引發騷動

六十年代最後一支訪港的英國足球隊是 1969 年的英格蘭足總隊。該隊由前英格蘭國腳占美·岩菲路（Jimmy Armfield）擔任領隊兼球員，在當年 6 月 16 日與港聯作賽一仗。比賽前一天，客軍飛抵香港即在啟德機場舉行記者招待會。但多份中文報章均指責岩菲路在記者會上態度欠佳。左派的《大公報》指他「態度囂張予人不良印象」[77]，右派的《香港時報》則直斥岩菲路「在招待會席上與記者們殊不合作，『十問九不答』，其紳士優越感的氣燄迫人，溢於言

表，因此使行家們大表反感」。[78] 而客軍大勝港聯六比零一仗，就觸發了六十年代第四次球迷騷動。

左派報章將事件的矛頭指向客軍和球證。例如《文匯報》的標題稱：「英隊打茅波 英球證偏袒 引起大鼓噪」。[79]《新晚報》的標題也指「兩萬球迷不滿被人戲弄 英隊打茅波球證偏袒」。[80]《大公報》則指雖然客隊贏球合理，但：

> 他們又恃著體力過人，埋身爭奪的動作十分碍眼，那一向有「神經」球證稱號的柏立，因為他的臉色與其從「祖家」而來的球員相同，「雞聲」吹來，總是有點偏差，沒辦法控制這個比賽場面，引起四座球迷的大大反感。[81]

《香港商報》也將騷亂歸因於客隊的踢法和球證柏立：「英隊球員態度極其惡劣，引起球員、球迷不滿，加上洋球證柏立屢將港聯球員記名，猶如火上加油」。[82]

除了指客隊踢法粗野和球證偏袒「祖家波」外，《文匯報》、《新晚報》和《大公報》都認為警方要為騷亂負上責任。《新晚報》指「出動防暴隊恐嚇更引起鼓噪」。[83]《文匯報》也指責「港英警方……出動『防暴隊』向群眾恐嚇，將事件擴大，更引起球迷鼓噪」。[84]《大公報》的港聞版則以「防暴隊出現大球場 兩萬多觀眾受驚擾……警方無理舉動引起許多球迷不滿」為標題。換言之，左派報章理解騷亂的起因不但與球場內發生的事相關，警方也是元兇之一。

右派報章方面，《華僑日報》認為騷亂發生不能說是客軍和洋球證的責任。該報認為「雙方球員求勝心切……踢來不甚斯文」；「英國隊得到不少本港英國國民捧場，而港聯選手隊亦有大量觀眾作義務啦啦隊……使得全場氣氛更為惡劣」。[85]《星島日報》亦沒有如左

派報章那樣強調事件牽涉華洋矛盾。該報雖然認為球迷鼓噪的主因是由於不滿客隊的球風，但卻沒有指客軍粗野：「可能由於英國球隊一派硬橋硬馬作風，所以球迷在『扶弱』的心理下，對客軍之動作感到憎厭。」[86] 同時，該報的報道雖然也指球證有誤判，但《星島日報》在比賽翌日不但沒有提醒讀者球證是洋人，也沒有提到球證的誤判對哪一隊有利。[87]

與《華僑日報》和《星島日報》不同，另外兩份與國民黨較親近的右派報章則用華洋矛盾的框架去描述事件。《工商日報》在歸納騷動起因時，暗示客軍有看不起華人的表現：「由於英隊球員在場上所表現之態度，相當輕佻，似乎不把本港選手及本港球迷看在眼內，再加上負責執法該場比賽的球證似乎偏袒客軍，更使在場觀眾不滿。」[88]《香港時報》的「穿山甲」則直截了當地以華洋矛盾來解釋騷亂起因：

> 有優越感的「英國紳士」，昨晚在港府球場為祖家球隊打氣，一群小童用白布懸掛旗幟，站在鐵欄搖着響鈴。這些地方是平日球場的禁地，足球總會昨晚為什麼准一班英童在場邊的鐵欄站着搖旗吶喊，挑撥起華人的民族意識。
>
> 另外一班所謂「英國紳士」坐在有蓋看台吹喇叭，加上英國人球證柏立昨晚主持這場充滿着爆炸性的足球比賽，大失人心，存心偏袒英國選手隊，場面無法控制。此外，英國隊贏了波還是玩孤寒，於是引起黃面孔的球迷情緒激動。[89]

雖然這兩份右派報章都認同騷亂跟華洋矛盾相關，但它們沒有像左派報章那樣指控警方行動為激化事件的因素。此外，右派報章亦同時強調騷亂並不明智。比賽後兩天，《星島日報》的社論特闢最

後三段呼籲足球觀眾要「保持守法精神」。除了指衝入球場、投擲玻璃瓶和縱火等行動是不該外，該社論更認為觀眾看球不應將「國籍或種族因素」帶進場內。[90]《工商日報》和《香港時報》則將是次騷動與左派扯上關係。《工商日報》於球賽翌日已提到在騷動期間，「少部份似是左派分子的觀眾，乘機煽風點火，高叫『打走狗』，『打記者』等」。[91] 到球賽後兩天，該報的社論以「冷靜沉着，控制情緒—對前夕球場騷動的感想」為題，呼籲球迷讀者勿讓類似事件再起，否則那將會是「港共分子夢寐以求的」。[92]《香港時報》的「穿山甲」也在比賽後兩日說：

> 前年左仔暴動事件記憶猶新，唯恐天下不亂的左派份子，只要有搞事的機會，隨時隨地煽風點火。市民參觀足球比賽必須提高警惕，星星之火可以燎原，切勿上了左仔的當。[93]

由此可見，「六七暴動」對左右派報章如何理解這次騷動有相當大影響。「暴動」時備受警方鎮壓的左派陣營，其報章不但指責客軍的球風和球證偏袒客隊，亦強調警方對造成騷動要負上責任。既然球迷參與騷動的起因是殖民者和殖民政府警隊的行徑，騷亂就有一定的正常性，無需被否定。對右派報章來說，警方不用為騷動爆發負上責任。而且縱使《工商日報》和《香港時報》都以華洋矛盾去詮釋騷亂起因，但由於有「六七暴動」的經驗，右派報章要警惕左派勢力藉此機會壯大起來。

足球場上的殖民主與被殖民者

如前所說，殖民主和被殖民者的關係是複雜的。被殖民者不滿

被殖民主欺壓，但同時又以殖民主帶來的價值和準則，衡量自己是否追得上現代化的步伐。戰後初期，在香港的足球賽事中，洋人已非華人的對手。但作為首支訪港的英國職業球隊黑池在 1958 年殺過華聯一次片甲不留，就像是在提醒香港華人，論足球水平，香港華人縱是獨步亞洲，但仍與英國的水平有很大的距離。因此，英國足球還是被視為學習對象。

但隨後兩支來港的英國球隊，即英國陸軍足球隊和英足總隊卻將黑池為英國足球帶來的形象扭轉。儘管這兩支球隊在港保持全勝，但都未能如黑池一樣令華聯輸得五體投地。英足總隊對華聯一仗更要靠一個極具爭議的十二碼球始能打破華聯的缺口。再加上兩支球隊都被斥責為球風粗野，不守體育精神的球隊，黑池為英國足球帶來的正面形象已不復存在了。

到黑池在 1965 年重臨香港時，儘管他們和同時訪港的錫菲聯又在港打勝仗，但雙方俱被視為技術平平，僅靠身體素質（主要是身材和速度）贏球的球隊。而這樣的球隊是不值得香港足球向其學習的，而它們所踢的足球也不合香港球迷口味。這種對英國足球的理解似乎就在香港球迷心目中植根下來。於是 1966 年來港的史篤城、錫週三和富咸都未獲好評，甚至被視為和香港足球水平差不多的球隊。在「六七暴動」期間訪港的蘇格蘭國家隊，也無法逃得過類似的形象。

換句話說，從六十年代開始，英國足球不但不值得香港足球效法，而且一度被視為粗野、欠缺體育精神的象徵。諷刺的是，體育精神正是由英國傳來的價值，卻被華報用來衡量英國球隊是否值得讚揚的主要指標。不過，看貶英國球隊並不代表香港的輿論自認香港的足球水平已追得上世界的先進水平。英國雖是現代足球發祥地，但到二十世紀中期，足球先進地區已包括歐陸和南美洲。而這

些地區的球隊也經常來訪香港，所以如果迎戰外隊是一個學習先進足球水平的場合，香港足球可選擇效法的對象就不只有英國足球。同時，由於英式球風被指不合香港球迷口味，對英國訪港球隊的報道和評論其實又反過來確立了香港足球自己的特質：即技術好（英格蘭甲組的職業球員也未必有香港球員般的好技術），但身材和速度是弱點。

除了不認同英國球隊的實力外，中文報章的輿論亦不時以華洋矛盾的框架去理解英國球隊訪港的情況。雖然這角度較難在立場較溫和的右派報章如《星島日報》和《華僑日報》找到，但在左派報章和旗幟鮮明的右派報章《工商日報》和《香港時報》都經常出現。根據這套框架，黑池在 1958 年的大勝是居港英國人吐氣揚眉的一役、1961 年畢特利給予英足總隊的十二碼球是有刻意偏袒祖家球隊之嫌、1961 年英格蘭足總隊和 1962 年英國陸軍足球隊的球風惡劣、1965 年史篤城訪港時柏立執法是偏幫「祖家波」。而到 1969 年，再被指偏袒「祖家波」的柏立和英足總隊也同時成為左右派報章的眾矢之的。由此可見，左派抑或右派的中文報章對洋人始終是不信任，認為其在香港球隊和英國球隊對壘時總會站在英國球隊的一面。換言之，雖然戰後的香港不算有大規模針對英國人的族群衝突，但殖民主和被殖民者之間的芥蒂其實仍能在足球中反映出來。

在中文報紙中，以國民黨控制的《香港時報》特別強調與足球相關的華洋矛盾。或許是因為該報向以內容豐富的體育版作為賣點之一。以華洋矛盾作為報道和評論的主軸似是合理爭取讀者的策略。另外，由於由香港華人組成的「中華民國」隊可在香港發揮為國民政府爭取民心的作用，《香港時報》比其它報章更強調華人要透過足球以表達民族認同亦屬合理。然而，就算是在《香港時報》提到足球場上的華洋矛盾時，其說法大致都是點到即止。由於它服務

的是國民黨政權，而國民黨政權雖然不被英國政府承認，但在冷戰格局下依然同是資本主義「自由世界」的一員，《香港時報》不會將有關矛盾轉化為真正挑戰殖民統治的情緒。而在「六七暴動」後，該報和另一份右派報章《工商日報》即使認同 1969 年球迷騷動與社會上的華洋矛盾有關，但由於維持社會穩定和對抗左派勢力才是大前提，《香港時報》和《工商日報》都呼籲球迷日後要保時冷靜以防左派有機可乘。

註釋

1 Hong Kong Public Records Office, HKRS 163-10-9, "Visits of Hong Kong by Foreign Sporting Teams (Other than China & Taiwan)", 10 Feb. 1961 – 22 Dec. 1973.

2 Ibid.

3 Ibid.

4 *South China Morning Post*, 9 Apr. 1961.

5 Ibid；《香港時報》，1961 年 4 月 9 日。

6 同上。

7 《香港時報》，1961 年 5 月 4 日。

8 該隊當年除了訪港外，也有到星加坡、馬來亞、紐西蘭和美國作賽，取得 11 戰全勝的成績。各場賽果和球隊陣容可參閱 http://www.rsssf.com/tablesb/britishfatours.html#1961ENG。

9 *South China Morning Post*, 24 May 1961；《香港時報》，1961 年 5 月 24 日。

10 Ibid, 4 Dec. 1965；同上，1965 年 12 月 4 日。

11 Hong Kong Public Records Office, HKRS 524-3-4, "Government Stadium", 28 Jun. 1961 – 23 Oct. 1968.

12 Ibid.

13 這裏的「英國」指由英格蘭、蘇格蘭、威爾斯和北愛爾蘭組成的大不列顛及北愛爾蘭聯合王國。所以蘇格蘭國家隊也算是英國球隊之一。

14 Paul Darby, Africa, *Football and FIFA: Politics, Colonialism and Resistance* (London; Portland, OR.: Frank Cass), pp.9-11, 25-30; Joseph Maguire, "Introduction: Power and Global Sport", in Joseph Maguire (ed.) *Power and Global Sport: Zones of Prestige, Emulation and Resistance* (London:

Routledge, 2005), pp. 16-19.

15 《球國春秋》，頁 81-82。

16 雅典聯的球員來自英格蘭一個叫雅典聯賽（Athenian League）的業餘聯賽。

17 《香港商報》，1958 年 6 月 12 日。

18 《新晚報》，1958 年 6 月 11 日。

19 《星島日報》，1958 年 6 月 11 日。

20 《大公報》，1958 年 6 月 11 日。

21 《文匯報》，1958 年 6 月 11 日。

22 《香港時報》，1958 年 6 月 11 日。

23 同上，1961 年 5 月 24 日。

24 《文匯報》，1961 年 5 月 24 日。

25 《新晚報》，1961 年 5 月 24 日。

26 《大公報》，1961 年 5 月 24 日。

27 《香港商報》，1961 年 5 月 24 日。

28 《香港時報》，1961 年 5 月 24 日。

29 同上。

30 《香港時報》，1961 年 5 月 27 日。

31 同上。

32 《香港時報》，1961 年 5 月 26 日。

33 英國陸軍足球隊的遠征陣容，可參見 http://www.rsssf.com/tablesb/barmysea62.html。

34 《香港時報》，1962 年 5 月 13 日。

35 《文匯報》，1962 年 5 月 12 日。

36 《新晚報》，1962 年 5 月 13 日。

37 《香港商報》，1962 年 5 月 12 日。

38 《文匯報》，1962 年 5 月 13 日。

39 《新晚報》，1962 年 5 月 13 日。

40 《香港商報》，1962 年 5 月 13 日。

41 《大公報》，1962 年 5 月 13 日。

42 《工商日報》，1962 年 5 月 13 日。

43 《香港時報》，1962 年 5 月 13 日。

44 同上。

45 《文匯報》，1965 年 6 月 15 日。

46 《星島日報》，1965 年 6 月 17 日。

47 《香港時報》，1965 年 6 月 17 日。「史托加」即當年的西德球隊 Stuttgart，今多譯作「史特加」。該隊在錫菲聯和黑池來港前不久曾訪港作賽。

48 《新晚報》，1965 年 6 月 17 日。

49 《香港時報》，1965 年 6 月 18 日。

50 《文匯報》，1965 年 6 月 18 日。

51 《新晚報》，1965 年 6 月 18 日。

52 《香港商報》，1965 年 6 月 18 日。

53 《工商日報》，1965 年 6 月 18 日。

54 《星島日報》，1966 年 3 月 8 日。

55 《文匯報》，1966 年 3 月 8 日。

56 《香港商報》，1966 年 3 月 8 日。

57 《香港時報》，1966 年 3 月 7 日。

58 《香港商報》，1966 年 3 月 8 日。

59 《大公報》，1966 年 3 月 8 日；《文匯報》，1966 年 3 月 8 日。

60 《工商日報》，1966 年 3 月 8 日。

61 《香港時報》，1966 年 3 月 8 日。

62 《星島日報》，1966 年 5 月 28 日。

63 《香港時報》，1966 年 5 月 28 日。

64 《新晚報》，1966 年 5 月 28 日。

65 《工商日報》，1966 年 5 月 28 日。

66 《文匯報》，1966 年 5 月 30 日。

67 《大公報》，1966 年 5 月 30 日。

68 《星島日報》，1966 年 5 月 30 日。

69 《文匯報》，1966 年 5 月 27 日。

70 《香港時報》，1966 年 5 月 28 日。

71 同上，1967 年 5 月 26 日。

72 同上。

73 《華僑日報》，1967 年 5 月 26 日。

74 《工商日報》，1967 年 5 月 26 日。

75 《香港商報》，1967 年 5 月 26 日。

76 同上。

77 《大公報》，1969 年 6 月 16 日。

78 《香港時報》，1969 年 6 月 16 日。

79 《文匯報》，1969 年 6 月 17 日。

80 《新晚報》，1969 年 6 月 17 日。

81 《大公報》，1969 年 6 月 17 日。

82 《香港商報》，1969 年 6 月 17 日。

83 《新晚報》，1969 年 6 月 17 日。

84 《文匯報》，1969 年 6 月 17 日。

85 《華僑日報》，1969 年 6 月 17 日。

86 《星島日報》，1969 年 6 月 17 日。

87 在球賽後兩天，《星島日報》才指「球證柏立存心偏袒」。《星島日報》，1969 年 6 月 18 日。

88 《工商日報》，1969 年 6 月 17 日。

89 《香港時報》，1969 年 6 月 17 日。

90 《星島日報》，1969 年 6 月 18 日。

91 《工商日報》，1969 年 6 月 17 日。

92 同上，1969 年 6 月 18 日。

93 《香港商報》，1969 年 6 月 18 日。

05

亞洲職業足球先鋒

1

1963 年,「中華民國」隊贏得默迪卡大賽冠軍
後留影（獲華協會授權使用）。

　　現代運動和現代足球的起源地都在英國。十九世紀，在英國推動現代運動的主力多是中上層的精英。他們訂下了只有業餘選手才能參賽的規定。有關規定也隨着現代運動和現代足球在全球普及而在世界各地實踐。表面上，業餘主義（amateurism）可保證參加者只為比賽的快樂而作賽，以免金錢或者商業邏輯「玷污」運動的純粹性。但實際上，有關業餘精神的規定也是區分中產精英和工人階級的手段。[2] 試問薪金微薄又缺乏資產的中下層，又怎能像中產精英那樣隨便放下工作進行訓練或者參賽？

　　不過，隨着足球運動愈趨普及，球隊之間競爭越來越激烈，業餘規則早在十九世紀後期就受到挑戰。在英格蘭，因為不少球會早已為球員提供物質回報，當地足總在 1885 年將職業足球合法化。到二十世紀初，基於商業化的挑戰、避免已進行枱底交易的球隊另組賽事、阻止頂尖好手外流到其他已有職業足球的國家等原因，歐陸和南美不少國家都實施職業足球制度。[3] 而在亞洲，第一個容許職業足球員作賽的地方就是香港。本章的主要目的就是要回顧香港足球由業餘時代邁向職業化的過程。

打擊偽業餘主義

　　戰後初期，參加香港聯賽的華人球員雖然名義上是業餘球員，但他們能從足球運動得到報酬已是公開的秘密（詳見第一章）。既然掛着「業餘」的招牌，香港球員也可以參加當年仍然堅守業餘精神的奧運會和亞運會。這種現象可被稱為「偽業餘主義」（shamateurism）。而在五十年代，足總執委會曾出現一位致力打擊偽業餘主義的人物——秦寧（Leslie C Channing）。

　　秦寧是澳洲華僑，五十年代初一邊在香港的西報任職，一邊以不同身份（包括東方代表、星島代表、乙丙組代表）出任足總執委。秦寧在執委會內經常提出非主流意見，故有「砲手」的稱號。早在 1952 年 8 月，秦寧就在執委會上提出調查球員違反業餘條例的建議，不過最後這次調查不了了之。[4] 到 1955 年 10 月，秦寧就在執委會會議中提出要限制球員在季中轉會，以對付各球會以金錢利誘球員轉會的情況。[5] 秦寧的提議引起陸軍代表伊律（Major Elrick）建議成立委員會調查有關香港足球職業化（即違反業餘條例）的指控。兩個月後，足總執委會決定讓上訴委員會調查香港足球職業化問題。但由於上訴委員會的調查並無進展，伊律遂於翌年 2 月建議終止調查和成立職業聯賽。雖然伊律的建議未得到正面迴響，但這大概是香港足總體制內最早有關成立職業足球聯賽的建議。

　　到 1956 年 10 月，即是傳說中姚卓然成為「四盤腳」後不久，秦寧不但在執委會會議提出恢復調查職業化事宜外，更建議全部註冊球員要在一個月內簽署聲明確認自己從沒接受過球會的經濟利益。[6] 雖然秦寧的建議在表決時以七比六獲通過，但足總卻未將相關聲明送交球員簽署，可見有關偽業餘主義的爭議在當時是一個極度棘手的問題。[7] 同年年底，秦寧離港到澳洲定居。但秦寧沒有就此放

棄打擊香港的偽業餘足球。在澳洲，他曾寄信到國際奧委會和國際足協指控香港足總容許違反業餘條例的球員參賽。國際奧委會曾將秦寧的指控轉告港協。而港協則要求作為港協會員的香港足總調查有關指控。[8] 不過，雖然秦寧的指控驚動了國際奧委會和國際足協，但就像之前足總內部要調查職業化問題一樣，這次的調查也是不了了之，足總從沒有給予港協一個令人滿意的答覆。值得留意的是，自 1958 年東京亞運會以後近十年內，香港足總就沒有派隊參加亞運會或者奧運會這兩項需要港協批准才能參賽的賽事。足總避戰奧運和亞運，除了在第三章提及的財政原因和不想香港代表隊與「中華民國」隊碰頭外，或許也是要避免和港協就球員的業餘資格發生衝突。由六十年代初到中期，香港足總只派隊參加亞洲盃、亞青盃和默迪卡盃這幾項港協無權過問的國際大賽。

職業化作為復興足運的手段

1959 年，足總執委威士頓（John Charles Weston）又提出了推行職業足球的建議，但足總內部未有積極反應。1960 年，另一名執委鄭治平提出職業化的建議。[9] 但和五年前伊律打算以職業化以解決偽業餘主義的思路不同，鄭治平建議推動職業足球的原因，是為了復興香港足球。五十年代的香港雖然被視為遠東以至是亞洲的「足球王國」，但到五十年代末和六十年代初，輿論一般認為香港足球正走下坡。除了水平下降外，假球問題和入場人數下降都被視為香港足球須面對的難題。[10] 鄭治平希望職業化能提高球賽水平，令球迷重拾入場觀戰的興趣之外，也寄望在職業化後，球會可以利用與球員的合約關係去處罰涉及賭球的球員。

雖然鄭治平本身是傑志在足總的代表，但他的提議並沒有得到

傑志會方的支持。當足總在 1960 年 10 月邀請各會代表討論職業化建議時，席中沒有任何球會代表支持職業足球。[11] 缺乏球會的支持，鄭治平的提議當然未能成為事實，但這已是足總首次嘗試就職業化問題有系統地搜集球圈內部的意見。

到 1962 年，另一波推動職業化的討論又告展開，起因又與秦寧有關。秦寧在澳洲簽署了有法律效力的聲明，並在 1962 年 10 月到 11 月期間將聲明寄到香港足總和香港的報章。聲明的內容指控「為甲組華會效力的香港足總註冊球員早已喪失了業餘資格，但他們仍然參加 1958 年在東京舉行的第三屆亞運會和 1960 年在羅馬舉行的奧運會」。[12] 因應秦寧的新一輪指控，足總在 1962 年 12 月成立了一個特別委員會。同時，會長羅理基亦透過決策委員會推動有關職業化的研究。足總的一個特別委員會更在 12 月發佈了一份有關職業化的備忘錄，建議實施容許職業和業餘球員一起參加的公開聯賽（open league）。[13] 該份備忘錄並詳細解釋推動職業化為何對足總、球會和球員都有好處。

華會和球員抗拒職業化

根據該備忘錄，職業化對足總的好處之一是毋須再面對有關職業化的指控。此外，文件指出職業化將提升香港的足球水平，有助於香港重新成為遠東足球王國。文件的作者認為職業化能帶動足球水平提升的原因有三：一、職業化後，只有取得好成績的華會才能在季後南遊。二、球會為了保護球員，將不會要球員頻繁上陣。三、球員在季前將得到充分的休息。這份備忘錄的說法其實就是視華會季後南遊時的賽程太頻繁為香港足球水平滑落的主要原因。而對球會的好處方面，備忘錄指出職業化將令球會有權通過合約關係

1964 年，任職警察的港隊前鋒區志賢藉足球推廣交通安全
（獲香港政府檔案處授權使用）。

約束球員甚至對他們實施紀律處分。這觀點似乎與之前提過的假球問題相呼應。文件亦提到職業化後，球員便不能隨便轉會，而且球會更能聘請來自外國的職業外援。換句話說，備忘錄的作者希望職業化後，球會會視職業足球為一門生意。

事實上，這份備忘錄的精神如得到落實，就會改變華會的原有運作模式。首先，備忘錄顯然針對華會季後南遊的習慣。此外，當時不少華會的班主願意承擔班費，主要是為名而非為利，更沒有長期投資的打算。華會原來的制度是容許班主在支持一屆後就全身而退，對有興趣成為班主的人來說，這正是理想安排。但如果足球職業化是要令到球會對球隊有長遠規劃的話，那麼是否還有有錢人願意支持華會，在那個年代實屬疑問。因此，即使備忘錄認為職業化對華會有利，但甲組各華會一致表示反對香港足球職業化。[14]

球員方面，備忘錄認為球員會在職業化後受到合約的保障，又會因為表現得好而得到高人工的回報。同時，球員會因為職業化的訓練而提升其水平，並會因為職業球員的身份而在公眾之間得到更多的尊重。不過，當華人足球員聯誼會在 1963 年 1 月就職業化問題舉行座談會時，出席的人數寥寥無幾，可見球員對有關建議沒有太大興趣。[15] 後來，該會主席區志賢公開表示反對職業化。區志賢引用了業餘精神作為反對職業化的理據。他指出，職業化將令球員失去參加奧運會的資格，而參加奧運會的名譽是金錢不能買的。區志賢也指職業化會令球員失去自主性以至是做人的意義。[16] 雖然區志賢本身任職警察，不像部分頂尖球員那樣以足球作為主要的收入來源，但由於他所領導的球員聯誼會中，不少骨幹顯然都以足球為主要收入，所以實在難以相信區志賢是為了捍衛業餘主義而反對職業足球。或許，「香港之寶」姚卓然所提的反對理據，才較能解釋為何球員對職業化興趣缺缺。姚卓然認為，職業化後球員的收入未必會

增加。因為球員從足球得到的收入一向都是枱底交易，職業化後就可能要課稅。[17] 事實上，雖然球員在業餘制度下沒有合約的保障，但對頂尖球員而言，能夠在每季球季後自由轉會，其實是提升了他們的議價能力。相反，在六十年代初，殖民主英國的職業足球制度仍然傾向保障球會利益，所以職業球員就算在約滿後也不能自由選擇新球會。這種制度對球員爭取較佳的經濟回報是非常不利的。所以，相對起效法英格蘭等地實施職業足球，頂尖球員傾向覺得維持業餘的招牌對自己較有利。

右派觀點看職業化

正如之前的章節所言，到六十年代初，親國民黨的右派在足球圈內仍然是一股主流力量。假如香港足球職業化，那麼香港的華人球員便不能再代表「中華民國」隊參加奧運會和亞運會等業餘性質的比賽。就算是像亞洲盃或者是世界盃那樣的非業餘比賽，一旦球會成為了球員的僱主，球會也比之前有更大權利和誘因拒絕放人。國民黨的機關報《香港時報》在足總發佈職業足球備忘錄翌日，即刊出了李惠堂反對香港足球職業化的言論。雖然畢生忠於國民黨的李惠堂可能是因為政治因素而反對職業足球，但他當時提出的部分疑慮（如球會沒有自己的訓練場地、班主沒有長遠規劃等）到二十一世紀的香港仍然未見解決。[18]

後來，推動香港足球職業化也確實被視為阻止香港華將代表「中華民國」隊的可行手段之一。在 1966 年亞運代表資格風波（詳見本書第三章）中，國際足協會長羅斯以香港華將是業餘球員身份為由，認為香港足總無權阻止他們代表「中華民國」隊出戰亞運。這導致一向反對香港華將代表「中華民國」隊的洋球評家麥他維殊，

直言應考慮將香港足球職業化以杜絕台灣「偷取」香港球員。[19] 最後，足總與港協因為派隊參加 1968 年奧運會外圍賽一事而出現衝突，終於催生了足球職業化。

會長推動職業化

由於球會、球員和右派勢力對職業化都不抱正面態度，就算足總會長羅理基聯同三名副會長在 1963 年夏天簽署了一份文件「強烈建議執委會盡快行動並落實」將聯賽改為容許非業餘和業餘球員都能參加的「公開聯賽」，[20] 有關職業化的討論很快又轉趨沉寂。不過，在主張職業化的會長羅理基推動下，足總修章委員會在 1965 至 1966 年度球季期間就已擬好有關職業足球的章則初稿。在 1966 年夏天的足總週年大會中，卸任會長一職的羅理基更公開呼籲足總考慮推動職業足球。他在致詞時說：「我堅持有實力的球員值得，而且應該以足球作為他們的事業。我們可以在這方面開創亞洲的先河。」[21] 當日的週年大會亦進行了足總主席選舉。一直冷待職業化建議的莫慶競選連任失敗，早在 1960 年就認同鄭治平有關職業化建議的梁兆綿勝選。雖然梁兆綿當選不代表支持他的球會都主張職業化，但他當選無疑有助將推動職業足球一事重新提上足總的議事日程上。

與此同時，部分球會對推動職業足球的態度也轉趨積極。1967 年 11 月，麥他維殊在《南華早報》的專欄透露已有幾間球會（麥他維殊未有透露這幾間球會的名字）準備於 1968 至 1969 年度球季組織職業球隊。[22] 麥他維殊在這篇專欄中亦轉述了其中一間球會職員對職業化的意見。這位職員認為當下的足球管理太過鬆散，而且足球水平連年下降，職業足球雖然不能即時提升足球水平，但可以成為球會制訂長遠發展計劃的基礎。由此可見，六十年代中後期亦開

始有球會願意就足球作較長遠的承擔。

雖然足總和部分球會已有推動職業足球的準備，但最後真的顛覆既有業餘足球體制的，是港協和足總之間的一次糾紛。上文提到，港協曾經質疑過香港足總註冊球員的業餘地位，但足總一直沒有認真處理該問題。而由於足總自1958年亞運後就沒有派隊參加亞運會或者是奧運會，港協便一直未有機會就此事向足總進一步施壓。但當足總決定報名參加1968年奧運外圍賽時，就給予了港協一個逼使足總認真處理職業化問題的機會。

足總與港協之爭

1968年的奧運足球外圍賽亞洲區賽事共分三組角逐。香港被編在第二組，而起用香港華將參賽的「中華民國」則被編在第一組。第一組賽事於1967年9月至10月間在日本舉行，結果東道主獲得了唯一的出線資格。當時香港華將的參賽身份沒有引起任何爭議。而第二組賽事則於1968年1月在泰國舉行。按原訂計劃，足總本應在1967年12月27日從入選集訓名單中的二十六人名單中決選出十八名球員，並會在1月14日於泰國參加第一場賽事。然而，在12月底就傳出了港協會長沙理士將不會簽名確認足總參賽名單的消息，因為沙理士認為「足總無法向我們證明參賽球員真的是業餘球員」。[23] 得悉沙理士的決定後，足總在1968年1月2日召開執委會會議。會議的結論是建議邀請入選球員所效力球會的會長簽署一份聲明，以證明球員的業餘資格。但沙理士即反建議要球員在太平紳士面前宣誓以證明自己是業餘球員。

到1月4日，足總安排十八名球員在太平紳士面前簽署了一份聲明，其內容如下：

我們簽署人，是香港足球總會註冊的業餘球員，在此嚴正聲明，我們一直在香港參加業餘足球，從未在任何地方參與職業足球，我們亦沒有接受過任何要我們成為職業足球員或參與職業足球的誘惑。[24]

但沙理士對球員的聲明不為所動。他重申並非要球員在太平紳士見證下簽署聲明，而是要球員宣誓。1 月 5 日，足總再安排球員在太平紳士見證下簽署國際奧委會有關業餘精神的聲明。[25] 但由於球員始終未有在太平紳士見證下宣誓，沙理士堅持不會容許球員參賽。沙理士並致信予足總執委會，提及多年來有關香港足球違反業餘條例的指控：「我們有必要藉今次機會要求貴會處理報章上和其他地方出現的有關本地足球職業化、和貴會縱容職業化的指控。我們堅持貴會執委會要實施充分和有效的措施，由下個足球球季起清楚區分職業和業餘球員。」[26] 同時，沙理士在信中提出了另一個解決香港隊參加奧運外圍賽的方案，就是要「足總執委會全體成員向港協提供書面保證，以證明貴會全體執委會成員都毫無疑問地認為球員沒有違反奧林匹克運動員資格條款」。[27] 對足總執委而言，這樣的要求無疑等同於侮辱他們的人格。同時，由於距離港隊在奧運外圍賽開幕的首場比賽日子（即 1 月 14 日）已太近，足總在 1 月 8 日舉行的執委會上決定放棄參加奧運外圍賽。

足總放棄參賽並不代表這次紛爭就此結束。1968 年 1 月底，港協決定給予香港足總三個月時間去成立業餘足總，否則港協可能會開除足總的會籍。對港協來說，要足總成立業餘足總的目的是要以不同的管理機關去清晰區分業餘足球和職業足球。足總就港協的要求去信國際足協查問。國際足協認為以單一機關同時管理職業和業餘足球並無問題。於是，已跟港協交惡的足總沒有依港協的指示去

另立業餘足總，而選擇修改章則將職業球員註冊合法化。[28]

與此同時，以往來自各華會反對職業化的意見未見湧現。相反，部分甲組球會（如星島、流浪、元朗）更開始為職業化作好準備。1968 年 4 月，足總執委會通過成立一個特別委員會。該特別委會員的職責是向外國足總取經，為來季將職業足球合法化作好準備。到 6 月，各球會終於就有關職業球員的規章和制度取得共識。1968 至 1969 年度球季就成為了香港職業足球元年。

小結

有關將香港足球職業化的討論，最晚在五十年代中已開始。當時提倡職業化的原因主要是為了應付早已存在的偽業餘主義。到六十年代，職業化的建議被理解成提升香港足球水平的途徑，後來亦被視為阻止香港華將繼續代表「中華民國」隊的手段。由於職業化會顛覆既有球圈生態，當時的華會和球員對職業化都持負面態度。同時，球圈內的右派勢力又因為要保障香港華將能為「中華民國」隊效力的機會而唱淡職業足球的前景。因此，即使六十年代初足總內部已有較大規模推動職業化的行動，但未能成功促成職業足球合法化。

一直到六十年代中，由於會長羅理基主張職業化，而支持職業化的梁兆綿當選主席，再加上部分球會認同職業化有助球會的管理和規劃，職業化的過程才重新啟動。但要順利推動足球職業化，純粹依賴足球圈內自新推動似乎還是難以成功。這或許也是秦寧要國際奧委會和國際足協介入的原因。最後，港協與足總的糾紛成為了香港足球職業化的催化劑。

港協會長沙理士處理球員業餘資格時的強硬態度，大概與當時

國際奧林匹克運動的形勢不無關係。在五六十年代，國際奧林匹克運動高舉的業餘主義大旗受到兩大方面的挑戰。一方面資本主義社會中的運動愈趨商業化。另一方面，社會主義陣營的頂尖運動員雖然名義上是業餘，但其實是以全職的姿態接受訓練。由 1952 年到 1972 年期間擔任國際奧委會主席的布倫戴奇（Avery Brundage），在任內一直為捍衛業餘主義努力不懈。[29] 在決定要求足總成立業餘足總的那次港協暨奧委會執委會會議上，沙理士就透露布倫戴奇曾說過如果港協暨奧委會再容忍足球掛業餘的招牌行職業之實，則國際奧委會有可能會不再承認香港奧委會的地位。[30] 因此，沙理士以強硬的態度藉足總派隊參加 1968 年奧運足球外圍賽來迫使足總正視違反業餘條例的問題，其實也可被理解為在布倫戴奇任內，國際奧林匹克運動捍衛業餘主義工作的一部分。

香港的職業足球，是在港協與足總就參加奧運外圍賽球員資格問題的紛爭下誕生的。如此的職業化過程，與其他亞洲地區有莫大分別。在南韓、日本和中國大陸等地，職業化多是開宗明義以提升足球水平為目的，並且以成立職業聯賽的方式完成的。[31] 而香港足球因為足總與港協之爭而倉卒職業化，職業足球帶來最主要的分別，就是將球會與球員的關係正式轉變為僱主與僱員之間的關係。因此，香港隊的國際賽成績，在職業化後並未見有顯著改善其實不算意外。在 1968 至 1969 年度球季參加甲組聯賽的十二支球隊當中，只有五支球隊陣中有球員以職業球員身份註冊。這五支球隊為怡和、流浪、星島、九巴和元朗。值得留意的是，這五支球隊都不是像南華或者東方那種，每年要找班主支持經費的華人體育會。怡和背後是怡和這大企業；流浪是蘇格蘭人畢特利的球隊；星島、九巴和元朗雖然都是華人體育會，但前兩者背後分別是星島集團和九巴公司，不像一般華會那樣每季都要找不同班主支持經費。而在元

朗體育會內，曾任元朗理民官的鍾逸傑是舉足輕重的人物，而且一向認同職業化的方向。換言之，職業化的道路在當時仍未是普遍香港華會認同的政策。而之後四十多年，香港甲組都一直容許職業和非職業球隊參加。到 2014 年，在政府的鳳凰計劃催生下，香港才出現全職業的足球聯賽。

註釋

1　這一章的原文為 "From shamateurism to pioneer of Asia's professional football: the introduction of professional football in Hong Kong", *Soccer and Society*, 14:5(2013), pp. 603-614。經出版商 Taylor & Francis Ltd 授權譯成中文轉載後，略經修訂成為本書第五章。

2　有關業餘主義的討論，參見 Lincoln Allison, *Amateurism in Sport: An Analysis and a Defence* (Abingdon: Routledge, 2001)。

3　有關歐洲和南美足球職業化的過程，參見 David Goldblatt, *The Ball is Round: A Global History of Football* (London: Viking, 2006), pp. 171-226。

4　《香港時報》，1952 年 8 月 12 日。

5　*Hong Kong Standard*, 12 Oct. 1955.

6　《香港時報》，1956 年 10 月 3 日。

7　《星島日報》，1956 年 10 月 17 日。

8　《香港時報》，1959 年 5 月 27 日。

9　同上，1960 年 9 月 28 日。

10　賭球風氣存在也是當年香港足球界的公開秘聞，見《黃文偉：黃金歲月》，頁 38-39。

11　《香港時報》，1960 年 10 月 28 日。

12　*Hong Kong Standard*, 9 Nov. 1962. 到 1964 年，秦寧亦發放一份類似的文件，但未如 1962 年那樣逼使足總回應。

13　《香港時報》，1962 年 12 月 12 日。

14　同上，1963 年 3 月 15 日。

15　同上，1963 年 1 月 5 日。

16　同上，1963 年 1 月 15 日。

17　同上，1962 年 12 月 13 日。

18 《香港時報》，1962 年 12 月 12 日。

19 *China Mail*, 18 Feb. 1967.

20 'Open League', FIFA Archives: Correspondence with National Associations HKG.

21 *China Mail*, 27 July 1966.

22 *South China Morning Post*, 17 Nov. 1967.

23 Ibid, 27 Dec. 1967.

24 *China Mail*, 4 Jan. 1968. 筆者翻譯。

25 *South China Morning Post*, 6 Jan. 1968.

26 Ibid, 9 Jan. 1968.

27 Ibid.

28 港協因而在 1968 年 6 月凍結了足總會籍；到 1971 年 11 月，足總在港協的會籍始獲恢復。

29 Amateurism in Sport; Eugene A. Glader, *Amateurism and Athletics* (West Point: Leisure Press, 1978), p. 151.

30 'Minutes of the Ninety-sixth Meeting of the Council of the Hong Kong Amateur Sports Federation & Olympic Committee of Hong Kong,' FIFA Archives: Correspondence with National Associations HKG.

31 Wolfram Manzenreiter, John Horne (eds), *Football Goes East: Business, Culture and the People's Game in China, Japan and South Korea* (New York, N.Y.: Routledge, 2004).

06

七八十年代的香港隊：由大戰北韓到「五一九」

曾經代表香港隊出戰 1977 年世界盃外圍賽的梁能仁
（獲《足球圈》雜誌主編陳灌洪先生授權使用）

　　五十年代的香港代表隊可說是活在「中華民國」隊的陰影之下。但 1971 年默迪卡大賽成為了香港華將最後一次代表「中華民國」隊出戰的賽事。自此，香港隊成為了香港華將唯一能參加國際賽的代表隊。雖然部分七十年代仍然活躍的球星因為曾代表「中華民國」隊參加國際賽而不能代表香港隊，但香港隊在七十年代中無疑已集中了全港的大部分精英。

　　七十年代也見證了足球圈內左派勢力的冒起。1970 年，霍英東當選足總會長，之後長年連任。兩年後，畢特利旗下的流浪組隊訪問中國內地。有關消息在球隊出發前已公諸於世，與 1965 年愉園球員秘密化身成「同章」隊入內地作賽已算是高調得多。[1] 到 1974 年 11 月，香港足總邀請中國國家隊（本章的「中國」均指「中華人民共和國」）訪港作賽。翌年夏天，足總派隊到內地進行友賽，基本上完成了左右派勢力在足球圈勢力的逆轉。到七十年代中期，甲組隊中只餘下東方和光華兩支高調宣示親國民黨立場的球隊。

　　身為香港足總會長的霍英東得以代表香港出席亞洲足協和國際足協會議。1974 年伊朗德克蘭亞運會期間，在霍英東協助下，台灣的「中華民國足球協會」被逐出亞洲足協，而大陸的中國足協則順

利入會，台灣被迫改隸大洋洲足協。[2] 到七十年代末，中國亦順利重返國際足協。隨着內地加入亞洲足協和國際足協，它就成為了香港代表隊在正式國際賽中的對手。

這一章將回顧香港代表隊由七十年代到八十年代中在正式國際賽的成績，尤其會將焦點放在 1976 年亞洲盃外圍賽、1978 年世界盃外圍賽、1982 年世界盃外圍賽和 1986 年世界盃外圍賽四項賽事。除了重溫港隊的演出外，這一章更希望藉此探索香港代表隊與香港人的身份認同有何關係。

第六屆亞洲盃外圍賽：激戰後被北韓擯出局

第三章曾記述過香港隊在 1964 年和 1968 年兩屆亞洲盃都取得外圍賽中區冠軍，得以躋身決賽週。但到 1971 年 5 月展開的第六屆亞洲盃中區外圍賽，由陳輝洪帶領的港隊在泰國卻鎩羽而歸。在編組賽負印尼後，港隊再在小組賽不敵高棉與馬來西亞。三場球賽的比數都是一比二。這次港隊的成績大概已證明了其他東南亞地方的足球水平已經與香港這個昔日足球王國接近多了。

到 1973 年 5 月，港隊首度在世界盃外圍賽亮相。過去港隊都沒有參加世界盃。但由於國際足協規定沒有參加 1968 年奧運足球賽、1970 年世界盃和 1972 年奧運足球賽的球隊都要參加 1974 年世界盃，否則就不能在國際足協大會上投票，所以香港就在這一屆首次參賽。[3] 港隊在外圍賽被編在 A 組，所有賽事都在南韓舉行，當年的港隊教練為曾任寮國國家隊教練的何應芬。在編組賽以一比零擊敗馬來西亞後，港隊在 A1 組先後以一比零小勝日本和南越，以 A1 組冠軍出線進入 A 組四強。港隊在四強遇上南韓，結果以一比三見負。當日商業電台派出伍晃榮和黎兆榮到漢城作現場直播，可想而

知球迷對港隊的戰績相當關心。[4]

　　1975 年，香港主辦亞洲盃外圍賽小組賽事。除了剛加入亞洲足協的中國首度派隊參賽外，也有北韓首次參加。除了香港、中國內地和北韓外，參賽球隊還有汶萊、日本和星加坡。六支球隊爭奪兩個出線亞洲盃決賽週的資格。經過一輪編組賽後，港隊、中國隊和汶萊隊被編在同一組。三隊作單循環賽爭奪兩個出線四強資格。首仗中國隊勝汶萊隊十比一；次仗主隊勝汶萊隊三比零，篤定與中國隊晉級四強。雖然分組賽中港一戰只是名次之爭，但由於首名晉級者可以避開九年前在世界盃殺入八強的北韓，這一戰也相當重要。

　　中港一戰，大球場座無虛席。綜合左右派報章的報道，以港隊形勢較佳。但港隊久攻不成，在末段被中國隊容志行射入全場唯一入球。除了對港隊在場上佔優有共識外，左右派報章在報道和評論這場賽事的分歧相當明顯。首先，右派報章強調球迷是熱烈為香港隊打氣的。《華僑日報》指「香港隊在球迷吶喊助威下，有極佳水準演出」。[5] 除了強調球迷是支持主隊外，也有右派報章斥責客軍的踢法有欠斯文。《工商日報》以「中共大踢茅波 倖勝港隊一球」為球賽報告的標題。[6] 該報道指：「球迷們對於香港隊優異的表現，頻頻報以熱烈掌聲，而對於踢法粗野的中共隊則大喝倒彩。」[7]《香港時報》的標題則是「毛共大踢茅波 一球倖勝香港」。[8] 該報除了提到「港隊在全場觀眾吶喊助威之下，踢來戰意倍增，前仆後繼，士氣高昂」外，在球賽報告中也有以下的描述：「毛共昨遭遇港隊壓力，窮圖匕現，大踢茅波，頻頻被球證吹罰，所謂『友誼第一』，簡直是騙人的伎倆。毛共遇着香港打真波，全場毛手毛腳，經常利用身體把港隊球員撞得人翻馬覆，俾波過唔俾人過，頻頻被觀眾柴台。」[9]

　　當右派報章強調港隊受到球迷熱烈支持時，左派報章則傾向指球迷沒有特別擁護港隊或者是中國隊。如《大公報》指「在全場觀

眾的熱烈掌聲中，中國隊和香港隊合演一場緊張的好波，埠頭掌聲、喝采聲不娓於耳，氣氛異常熱烈。」[10] 與《香港時報》和《工商日報》指中國隊踢法粗野不同，左派報章不但沒有類似的描述，部分甚至盛讚雙方演出的體育精神。《香港商報》除了提到「全場觀眾為雙方球員的戮力演出一場好波而頻頻鼓掌喝采」外，也強調雙方「都表現了良好的體育精神，勇而不茅」。[11]《新晚報》更加詳細地剖析球迷的心態：

> 賽後從看台的知波人士到嘉山道上的廣大普羅球迷，無不交口稱讚。一讚香港代表隊演出了代表作；二讚中國隊在穩紮穩打下、力保不失，把握機會中，最後一擊，就以容志行射入致勝的一球；三讚在這樣一場勢均力敵的爭奪中雙方沒有一個蓄意侵人的動作……一場既緊張激烈、體育精神又好的球賽。[12]

負中國隊僅三日後，港隊與北韓在大球場兩萬八千多名觀眾前爭奪參加 1976 年亞洲盃決賽週的資格。這場球賽極富戲劇性。翌日《工商日報》的標題說這是「本港足球史上最刺激一仗」，《新晚報》的張子岱專欄也說，「昨晚的港朝大戰，是我有生以來，在香港所看到的最精采、最緊張、最刺激的比賽」。[13] 球賽雖然精采，但結果對港隊是殘酷的。北韓在上半場領先兩球，但由何應芬任教練的港隊在下半場急起直追。下半場中段，胡國雄射成一比二。完場前不久馮志明助港隊追成平手。加時下半場八分鐘，胡國雄梅開二度，港隊首度領先。但不到兩分鐘後，港隊後防大將鄭潤如回傳守門員朱國權乏力，被北韓的朴槙勳截得皮球射成三比三將比賽帶到互射十二碼階段。雙方共射了二十八球十二碼球後，先射的北韓以十一比十（互射十二碼比數）擊敗港隊取得出線資格。射失十二碼的港

隊球員有馮志明、黎新祥、胡國雄和施建熙。[14] 翌日，左右派報章對於球迷現場表現的描述較三日前中港一戰接近得多，大家都強調球迷的情緒不但被球賽峰迴路轉的發展牽動着，也提到球迷如何為主隊熱烈打氣和因為港隊的表現而狂喜。以下是部分例子：

《香港時報》：在過程中，高潮迭起，每分鐘都緊扣球迷心弦，尤以港隊以 3：2 後來居上時，四座掌聲震撼喫啡園。[15]

《星島日報》：球迷瘋狂助威越戰越勇。[16]

《文匯報》：全場二萬多球迷，由始至終不斷替港隊打氣，除有節奏的鼓掌外，看台還出現數條橫額，寫著「香港進軍德黑蘭」等字樣，這亦是本港近年罕見的。[17]

《香港商報》：球迷助威聲震山谷。[18]

可惜的是，最後的結局如《華僑日報》所言，是「功虧一簀數萬球迷同聲嘆息」。[19] 但從不同政治立場的報刊的描述中，不論是以入場的球迷人數還是以報章描述的入場球迷情緒作準則，香港球迷對港隊的熱情遠比 1967 年主辦亞洲盃外圍賽時高得多。這次賽事已經反映了香港球迷對香港代表隊的認同感，應該遠超五六十年代。

包勤接掌港隊

1976 年初，足總聘請包勤（Frans van Balkom）出任港隊教練。鍾楚維憶述說：「包勤的演說能力很好，能激勵球員……令球員拚命……也教導球員代表一個地方的重要性。」包勤是足總由外國聘請來港的第三名外籍教練。足總所聘的第一任外教是伊力堅（Eric Keen），他在 1948 年 9 月末來港任教了半年左右就離開。[20] 1954

年，足總再聘請蘇格蘭人史酒頓來港。史酒頓帶領港隊出戰了 1954
年亞運會和 1956 年亞洲盃。雖然史酒頓在香港任教了逾兩年，但輿
論對他的評價也不太正面。他更曾因為傷人遭控而被判罰款。之後
港隊出征國際大賽就由本地華人（主要是在 1961 年考獲英格蘭足總
教練資格的黎兆榮）出任教練。直到七十年代初，足總才準備物色
第三位外國教練。

1970 年 12 月，擁有球王比利在陣的山度士訪港，令足總賺得
盤滿砵滿。當時足總副會長鍾逸傑就建議將該筆純利設立一個足球
發展基金。執委會通過建議後，就成立了一個小組專門處理這個基
金的運用。[21] 而尋找外國教練來港就是該小組的一個重要任務。聘
請外教的過程，後來卻是一波三折。首先，在 1971 年 12 月的足總
執委會上，執委會否決了聘請外教備戰世界盃外圍賽的建議。[22] 不
過，鍾逸傑等人沒有放棄聘請外教。翌年 6 月，畢特利和周湛樞更
飛往英國與數位有意來港執教的教練見面。[23] 後來足總公佈準備聘
請威爾斯籍的蒙哥馬利（Stan Montgomery）來港。[24] 但後來足總和
蒙哥馬利就條件未能達成協議。[25] 因此，原本被聘為助教的何應芬
便成為主教練帶領港隊出戰 1973 年舉行的世界盃外圍賽。到 1974
年，先有英籍教練鮑和（E. W. Powell）來港視察情況，[26] 之後足總
向當時的星加坡國家隊英籍教練獲加（Mick Walker）下聘書，但最
後又因為待遇問題，獲加未有履新。[27] 到 1975 年 2 月底，帶領澳洲
打進 1974 年西德世界盃決賽週的南斯拉夫裔教練拉錫（Rale Rasic）
來港與足總重臣會面。[28] 但後來拉錫沒有回覆足總，足總又要再覓
教練。[29]

最後，原在日本執教讀賣隊的前荷蘭國腳包勤在 1976 年 1 月
底來港上任，成為港隊自 1956 年亞洲盃後的首名洋籍教練。[30] 備戰
1978 年世界盃外圍賽是包勤的主要任務。他履新後不久，遴選小組

足球王國：戰後初期的香港足球

就選出二十五人入集訓隊。[31] 那時距離外圍賽展開的日期尚有近一年，足見當時足總對備戰工作相當認真。不過包勤首個任務卻是失敗告終的。1976 年 4 月，包勤領軍參加泰國舉行的亞青盃。小港腳以零比五不敵伊拉克和緬甸，再小勝斯里蘭卡二比一，未能出線。但到翌年的世界盃外圍賽，包勤就成為港隊的英雄之一。

1977 年揚威星加坡

當年的世界盃外圍賽，香港被編在亞洲區 / 大洋洲區的第一組。該組賽事安排在星加坡舉行，五隊作單循環賽後再由榜首兩隊決戰一場爭奪唯一一個出線次圈外圍賽的資格。港隊在循環賽先勝印尼四比一、和星加坡二比二、勝泰國二比一、再和馬來西亞一比一。兩勝兩和的港隊以循環賽首名資格與兩勝一和一負的東道主會師決賽。雖然身為客隊而且在循環賽只跟星加坡踢成二比二，但香港輿論在賽前都看好港隊。

球賽在 3 月 12 日星期六晚上演。港隊派出的陣容為：朱國權、陳世九、蔡育瑜、曾廷輝、潘長旺、郭家明、梁能仁、鄧鴻昌、馮志明、鍾楚維和劉榮業。上半場三十六分鐘左右，鍾楚維在左路邊線擺脫敵衛後傳交左輔位的劉榮業。後者過了對方一名球員後窄位射入。下半場，港隊先後以李桂雄和胡國雄入替蔡育瑜同梁能仁。最後雙方雖然各曾一次射中楣，但再無入球，結果香港隊憑劉榮業一箭定江山擊敗星加坡取得參加次輪外圍賽的資格。除了翌日不同政治立場的報章都大肆報道外，球隊在 3 月 15 日返港時，機場的場面亦十分墟冚。各份報章都認為迎接港隊的球迷數以千計。

這次港隊出線掀起熱潮，相信與電視效應不無關係。無綫電視在 1974 年直播世界盃決賽週，將這個世界足球的殿堂帶進香港市民

家中。因此，打進 1978 年阿根廷世界盃決賽週，就可以成為香港球迷以至不是熱愛足球的香港市民的想像之中。而且，當晚香港決戰星加坡一戰有無綫電視直播，是歷來首次有機會讓香港市民安坐家中目睹香港代表隊在海外創下佳績。3 月 15 日港隊回港時，無綫電視除了出動藝員到場迎接健兒外，更在當晚的《歡樂今宵》節目上舉辦酒會款待球員及球員家屬。[32] 在如此高規格的接待下，港隊這次勝利顯然已非僅是球迷關注的事，而是全城的焦點所在。

香港隊躋身次輪外圍賽後，港隊就與南韓、科威特、伊朗和澳洲爭奪出線 1978 年世界盃決賽週的資格。鍾楚維說他當時確是以擊敗阿根廷為目標，但賽期和備戰工作卻種下了後來成績未如理想的禍根。1977 年 5 月初，出線次圈外圍賽的五支球隊代表在香港舉行了會議討論賽期安排。足總為了保證主場球賽爆棚，爭取盡快在香港作主場賽事。於是香港隊的首兩場賽事就在 6 月在大球場上演。當時教練包勤表明反對有關安排。除了不滿頭兩場賽事相距僅七天外，他亦指 6 月是季末時期，應是球員爭取休息的時間。[33]

當年的聯賽在 5 月底始告「煞科」，但足總盃的四強和決賽一直到 6 月才能安排舉行。換言之，不少球員確實是缺乏了季後休整的機會。主張將賽期推遲的鍾楚維直言當時「見球如見石頭」。在身心俱疲的情況下作兩場硬仗，表現難以苛求。最後港隊首仗先負伊朗零比二，次仗再以零比一不敵南韓。對南韓一役，港隊在末段始失球，賽後更發生了小型騷動。有球迷在賽後包圍南韓隊球迷，之後警方估計有兩三百名年青人在場外聚集需要警方驅趕。群眾一路被驅離大球場一帶期間，拳打路上汽車的頂部、破壞安全島和推倒垃圾箱。[34] 縱使兩場球賽確如足總預料收個滿堂紅，但主場兩連敗已幾乎注定了港隊無法出線。最後港隊在八場賽事一分未得。當年香港代表隊成員之一的郭家明認為香港隊失敗在情理之中：「我們備

戰不足，別人有那麼多資源，例如由包機送來香港，我們出線才不合理吧。」

除夕夜的「中港大戰」

　　未能成功打到阿根廷，香港隊的下一個大賽是 1980 年亞洲盃外圍賽。由大馬華人陳融章執教的港隊被編在外圍賽第三組，賽事全在泰國舉行，比賽日期是 1979 年 5 月。在編組賽不敵北韓零比三後，港隊被編到 3B 組後先勝星加坡和斯里蘭卡，繼而負泰國零比一得小組次名出線準決賽。在決定能否出線參加科威特決賽週一役，港隊以零比零賽和馬來西亞，雙方要互射十二碼決勝負。馬來西亞五球全入，港隊有郭家明射失，港隊連續兩屆都在最後關頭的互射十二碼階段飲恨出局。[35]

　　約年半後，港隊回到主場出戰 1982 年西班牙世界盃外圍賽。香港主辦的第四組賽事有六隊參加。除了由盧保（George Knobel）執教的港隊外，尚有中國澳門、中國內地、北韓、日本和星加坡。港隊在編組賽即與中國隊相遇，結果以零比一告負的港隊被編到與北韓和星加坡同組。港隊兩戰兩和，壓倒一和一負的星加坡以次名出線四強，再度與中國隊碰頭。自從 1974 年中國加入亞洲足協後，中國隊與港隊已多次交手。但這場賽事是雙方在正式國際賽上碰頭的首次生死戰。勝方將晉級小組決賽與北韓爭奪出線第二圈外圍賽的資格；負方則即告出局。在四面紅旗高掛的大球場，香港隊全場佔上風。但雙方戰至加時都沒有入球，要互射十二碼分高下。繼 1976 年和 1980 年亞洲盃外圍賽射十二碼球出局後，港隊重蹈覆轍。陳發枝在第三輪射失，中國隊則五球全數射入，港隊出局。

　　1975 年雙方在亞洲盃外圍賽碰頭時，左派和右派的報章對於

在場球迷的演繹有顯著分別。當年左派報章指球迷並非特別擁護港隊；右派的報章則強調球迷為港隊落力打氣（詳見上文）。但這一次，除了各份右派報章都強調球迷為港隊踴躍打氣外，左派的《香港商報》和《文匯報》也承認入場球迷是香港隊支持者。《香港商報》稱讚香港隊「在球迷狂熱支持下，打出了近年的代表作」。[36]《文匯報》也提到「四座觀眾不時高舉橫額，為港隊打氣」。[37]

港隊落敗後，又發生了一次小型騷亂。雖然《香港商報》和《新晚報》未見有提及，但《大公報》和《文匯報》都有專文報道。其中以《文匯報》的報道較詳細。該報道稱騷亂起因是「球迷眼見港隊在射十二碼時落敗，心有不甘」，因而在看台上點火、在場外燒垃圾箱、向中國隊球員乘搭的汽車擲石，且在中國隊下榻的利園酒店外聚集，企圖阻止中國隊成員下車。[38] 對於騷亂的過程，《文匯報》的描述與右派報章和《南華早報》的報道內容分別不大。參加騷亂的人數方面，報章的說法也沒有巨大差異。《文匯報》和《南華早報》認為有數百人；[39]《星島日報》認為有五百人；[40]《華僑日報》、《工商日報》和《香港時報》均報道在利園酒店聚集的人數達千人。[41]

不過，上述提到的四份右派報章都不認為球迷是因為純粹不滿港隊落敗而騷亂。它們不約而同地報道球迷指責客隊踢法粗野。《華僑日報》指有球迷大叫「打茅波」和「不光榮的勝利」。[42]《星島日報》在報道騷亂時的標題提到球迷「聚酒店前指中共粗野」。[43]《工商日報》則在港聞版作了如下的報道：「昨晚十時五十分，一場港中（共）大戰，港隊以十二碼球四比五見負外，球員黎新祥及陳世九雙雙受傷離場，球迷均指責中共球員用茅招傷人，在球賽結束前，已滿胸怒火，紛紛擲物及報以噓聲。」[44] 值得留意的是，在這三份報章在體育版中的相關報道和評論中，都沒有指責客軍粗野。惟獨是《香港時報》秉承過往的作風，像 1975 年一樣痛斥客隊球風。除了

以「中共粗野圖窮匕現」為題外，該報在球賽報告更詳細描述客隊如何贏得不光彩：

> 「大陸腳」是役顯出猙獰面目，動作宛似輸打贏要的作風，當中以沈祥福踏傷陳世九，古廣明之陰招踢傷黎新祥最為明顯，尤以用手拉人之鏡頭不知幾許，泰國球證執法太鬆，殺傷踢法全無黃牌，他們之勝，李富勝在救十二碼球中，「郁腳」在先球證道受其騙過而不吹再射，贏來毫不漂亮。[45]

「五一九」之役

未能晉級下一圈的世界盃外圍賽，香港代表隊下一次參加正式國際賽已經是 1984 年 9 月舉行的第八屆亞洲盃外圍賽。已改由郭家明領軍的香港隊又一次與中國隊同組。同組的其他球隊尚有阿富汗、卡塔爾和約旦。五支球隊在廣州作單循環比賽爭奪兩個出線名額。香港隊在這次賽事的成績未如理想。港隊四仗僅在一比一賽和約旦一仗取得入球。其他三仗港隊都未能攻破對方大門。結果港隊以兩和兩負的成績在小組僅壓過一和三負的阿富汗位列第四。對中國隊一戰，港隊以零比二落敗。當日誰會想到，不到一年之後，港隊會締造出「五一九」之役的奇蹟？

到 1986 年墨西哥世界盃外圍賽，香港隊又再一次與中國隊同組。在 4A 小組中，除了中港兩隊，還有澳門與汶萊。賽事以主客制雙循環進行，首名可晉入次圈與 4B 組冠軍日本交鋒。港隊和中國隊無論在主場還是客場都順利擊敗澳門和汶萊。[46] 而香港隊在 2 月中主場對中國隊時，雙方在大球場以零比零打和。因此，這一組的

決定性一戰於 1985 年 5 月 19 日星期日在北京工人體育場舉行。賽前，港隊的得失球差為正十六；中國隊則是正二十，故港隊一定要打勝仗才能出線。

　　由於中國隊只要賽和就能出線，而且香港隊從來沒有試過擊敗中國隊，故輿論在賽前都一致看淡港隊。當年的港隊教練郭家明回憶道，既然主場一仗都是「出盡九牛二虎之力」才能勉強賽和，所以對作客一仗沒有太大信心。在決定性一役，港隊的部署就是先做好防守保持不失，和對手在最後十多二十分鐘博過。當晚香港隊的正選陣容為：陳雲岳、張志德、梁帥榮、賴羅球、余國森、陳發枝、黃國安、顧錦輝、胡國雄、尹志強和劉榮業。

　　出人意料地，港隊在上半場不到二十分鐘就先開記錄。劉榮業在離對方球門約三十碼博得自由球。胡國雄將球撥交張志德，後者勁射往主隊守門員路建人的右上方破網。之後港隊門將陳雲岳擋出楊朝暉來自禁區頂的勁射，但李暉補中替主隊扳平。完半場前，尹志強有機會助港隊再度領先。當時劉榮業在左輔位無人看管下起腳，路建人撲出後尹志強企圖飛頂將球送入網窩未果。郭家明還記得，半場返回更衣室時，尹志強笑言他雖然失機，卻因而實踐了半場跟對手賽和的賽前部署。下半場十五分鐘，梁帥榮大腳將球踢到十二碼點附近，劉榮業與敵衛爭持後，球滾到小禁區對出位置，後上的顧錦輝衝前射成二比一。本來已着前鋒球員熱身的郭家明見狀，就改叫後備席上的防守球員做好準備。到比賽末段，港隊派譚耀華和李菲臘代替陳發枝和尹志強加強防守。最後港隊成功堅守至完場獲得出線權，締造出有名的「五一九」之役。賽後，對賽果不滿的主場球迷向港隊投擲包括玻璃瓶在內的雜物，不但令港隊職球員一度要滯留中圈，球員張家平更因而受傷。北京市副市長張百發為此到港隊更衣室致歉。場外，球迷則攻擊外國記者和外國人汽車

洩憤。新華社的消息指當晚共有一百二十七人被捕。[47]

歷史性擊敗中國隊，再加上勝利觸發北京的小騷亂，令到球賽相關消息成為翌日香港多份報章的頭條新聞。與 1977 年戰勝星加坡一役一樣，「五一九」一役也有無綫電視現場直播。5 月 20 日中午，港隊抵達啟德機場，迎接球迷有上千之眾。當時曾和朋友到場打算接機的球迷阿水事隔逾三十年後回憶道：「接機大堂人太多。根本無法進入。我由頭到尾都沒有見過球員。」和八年前迎接港隊由星加坡凱旋不同的是，今次機場內出現了不少球迷自製的橫額，上面所寫的文字包括：「祝賀香港隊榮歸」[48]、「香港隊亞洲最好波」[49]、「香港隊—亞洲之冠」[50]、「香港隊勁揪」[51]、「打敗日本，進軍墨城」[52]、「香港隊進軍墨西哥」[53] 等。此外，球迷亦不時一起喊口號助威，口號包括「香港隊好波」[54]、「進軍墨西哥」[55]、「香港！香港！好波！好波！」[56] 和「港隊必勝」[57] 等。不過，阿水準備的「香港隊凱旋歸來」橫額就因為人太多而無法展示出來。

從球迷的標語和口號所見，當時球迷真的有希望香港打到墨西哥的幻想。該屆亞洲有兩個參加決賽週的名額，東亞和西亞各獲分配一席。如果港隊能夠在下一圈擊敗日本，再在最後一輪戰勝南韓和印尼之間的勝方，就能出線墨西哥。出線之路比八年前要在科威特、南韓、澳洲和伊朗之間爭取一個出線名額而言相對容易。可惜港隊作客神戶先負日本零比三，回到大球場再以一比二不敵。兩回合合計以一比五被日本淘汰，未能再進一步。

小結

二十世紀七十年代的香港已難以稱得上為「遠東足球王國」。但由於香港在 1968 年成為了首個推行職業足球的地方，來自東南亞和

南韓的名將紛紛來港，再加上歐洲的等地的外援，將香港球會賽事帶到另一高峰。球員經歷高水平聯賽的洗禮，代表香港參加國際賽仍然有與亞洲一線球隊一拚的實力。遺憾的是，兩次亞洲盃外圍賽都與參加決賽週的資格擦肩而過，先後被北韓和馬來西亞藉互射十二碼淘汰出局，令到香港足球職業化後反而從未能打進亞洲盃決賽週。

雖然未能取得參加大賽的參賽資格，但香港代表隊卻在這個時期凝聚了香港居民。隨着「中華民國」隊不再徵召香港球員，再沒有另一支國家隊在國際賽場上與港隊競逐球迷的認同。1975 年香港隊主場出戰亞洲盃外圍賽，是 1967 年後香港隊首次在主場出戰正式國際賽。球迷對港隊的熱情和認同感已高於六十年代。對北韓一役，場內兩萬八千名球迷為港隊積極打氣，助主隊一度反先，場面與 1967 年僅得一萬三千人見證港隊擊敗泰國晉身亞洲盃決賽週（見第三章）已是兩回事了。雖然港隊互射十二碼落敗，但球賽過程峰迴路轉，當晚收聽電台直播的市民情緒也必然會被牽動。**58**

到 1977 年揚威星加坡以至 1985 年「五一九」之役，雖然兩仗香港隊都是客隊，但球迷和觀眾都能在家收看電視直播。而這樣的共同經歷，無疑對強化市民對港隊以至對香港這個地方的認同感有一定作用。這兩次港隊返抵啟德機場時，縱使不是週末仍有上千球迷到場接機，足證港隊的勝利確能為球迷和市民帶來不少榮譽感。同時，就算是在香港隊面對中國隊時，七八十年代的左派報章再也沒有如五十年代的右派報章那樣認為港隊不敵代表中國隊是天經地義之事情。儘管在回顧 1975 年亞洲盃外圍賽一仗時，左右派報章對入場球迷的描述有明顯分別；但在 1980 年世界盃外圍賽，左右派報章對球迷是香港隊支持者已有共識。在國際足球賽事的層面上，對香港的認同已顯然比國族認同重要。這當然對香港認同以至香港人意識的出現有一定意義。

註釋

1　趙永佳、呂大樂、梁懿剛，〈愛國足球滄桑—愉園 60 年〉，載趙永佳、呂大樂、容世誠編，《胸懷祖國：香港「愛國左派」運動》（香港：牛津大學出版社，2014），頁 83-113；呂大樂，《那似曾相識的七十年代》（香港：中華書局，2012），頁 77-96。

2　霍英東口述，冷夏整理 / 執筆，《世紀回眸：霍英東回憶錄》（香港：名流出版社，2001），頁 158-161。

3　《香港時報》，1971 年 4 月 21 日。

4　同上，1973 年 5 月 26 日。

5　《華僑日報》，1975 年 6 月 22 日。

6　《工商日報》，1975 年 6 月 22 日。

7　同上。

8　《香港時報》，1975 年 6 月 22 日。

9　同上。

10　《大公報》，1975 年 6 月 22 日。

11　《香港商報》，1975 年 6 月 22 日。

12　《新晚報》，1975 年 6 月 22 日。

13　《工商日報》，1975 年 6 月 25 日；《新晚報》，1975 年 6 月 25 日。

14　胡國雄和施建熙都射入第一球十二碼，但到他們第二次主射時卻「宴客」。

15　《香港時報》，1975 年 6 月 25 日。

16　《星島日報》，1975 年 6 月 25 日。

17　《文匯報》，1975 年 6 月 25 日。

18　《香港商報》，1975 年 6 月 25 日。

19　《華僑日報》，1975 年 6 月 25 日。

20　《球國春秋》，頁 211；*South China Morning Post*, 18 Sep. 1948。

21　《香港時報》，1971 年 2 月 11 日。

22　同上，1971 年 12 月 22 日。

23　同上，1972 年 6 月 16 日。

24　*South China Morning Post*, 1 Jul. 1972.

25　《香港時報》，1972 年 11 月 6 日。

26　同上，1974 年 8 月 28 日；*Hong Kong Standard*, 28 Aug. 1974。

27 同上，1974 年 12 月 2 日。

28 同上，1975 年 2 月 26 日。

29 同上，1975 年 5 月 3 日。

30 同上，1976 年 1 月 30 日。

31 同上，1976 年 3 月 13 日。

32 《大公報》，1977 年 3 月 16 日。

33 《香港時報》，1977 年 5 月 4 日。

34 Hong Kong Public Records Office, HKRS 384-3-1, "Assistance from Police Control of Spectators ... Hong Kong Government Stadium", 28 Jun. 1961 – 23 Oct. 1968.

35 《香港時報》，1979 年 5 月 12 日。

36 《香港商報》，1981 年 1 月 1 日。

37 《文匯報》，1981 年 1 月 1 日。

38 同上。

39 同上；*South China Morning Post*, 2 Jan 1981。

40 《星島日報》，1981 年 1 月 1 日。

41 《華僑日報》，1981 年 1 月 1 日；《工商日報》，1981 年 1 月 1 日；《香港時報》，1981 年 1 月 1 日。

42 《華僑日報》，1981 年 1 月 1 日。

43 《星島日報》，1981 年 1 月 1 日。

44 《工商日報》，1981 年 1 月 1 日。

45 《香港時報》，1981 年 1 月 1 日。

46 中國對汶萊兩仗分別在港澳兩地舉行。

47 《大公報》，1985 年 5 月 21 日。

48 《新晚報》，1985 年 5 月 20 日。

49 同上，1985 年 5 月 20 日。

50 《香港時報》，1985 年 5 月 21 日。

51 同上。

52 《大公報》，1985 年 5 月 21 日。

53 《文匯報》，1985 年 5 月 21 日。

54 《新晚報》，1985 年 5 月 20 日。

55 同上。

56 同上。

57 《香港時報》，1985 年 5 月 21 日。

58 呂大樂認為，「當晚互射十二碼的過程，成為不少（特別是公共屋邨的）球迷的集體回憶，同時也可能是大眾為香港代表隊打氣的一個開始。」見《那似曾相識的七十年代》，頁 29。

07

由盛轉衰的職業足球

效力南華的門將仇志強（中）（獲《足球圈》雜誌主編
陳灌洪先生授權使用）

踏入二十世紀七十年代，南巴大戰已成為往事、南華的幾條「煙士」也逐漸淡出甲組球員行列。與此同時，香港隊在國際賽也曾取得過一些不錯的成績（見本書上一章），但「遠東足球王國」的稱號已經沒有多少人提起了。雖然七十年代香港的足球水平未必能夠再被視為亞洲的一線水平，不過當年香港的甲組足球聯賽極受歡迎。精工的王朝和胡國雄的秀麗腳法膾炙人口，甲組勁旅之間的「大場波」不時令大球場坐座無虛席。作為亞洲第一個容許職業球員參加的足球聯賽，香港甲組曾成為不少馬來西亞華人球員、南韓和歐洲球員的落班之處。

一直到八十年代初，還有不少香港市民為香港的職業足球瘋狂。當年經常入場看本地球賽的 Ringo 這樣回憶八十年代初的情況：「每逢南華在大球場比賽後，無論是勝還是負，警察都會覺得好麻煩。因為球員要由大球場回南華會的宿舍。我記得有一次最有印象的是⋯⋯有一次南華在大球場取勝後，譚詠麟像我們普通人一樣在場外歡呼。球迷們知道他是誰，但不好意思，追星的目標不是他，是追球員。」

這個職業足球的黃金時代大概到 1986 年告一段落。精工在

效力精工的胡國雄（獲《足球圈》雜誌主編陳灌洪先生
授權使用）

效力香港球隊的外援球星（獲《足球圈》雜誌主編
陳灌洪先生授權使用）

效力香港球隊的外援球星（獲《足球圈》雜誌主編陳灌洪先生
授權使用）

1986 年度至 1987 年度球季起不再參加足總賽事，而足總亦在同一屆實施俗稱為「全華班」的零外援政策，使外援球員絕跡香港甲組。由 1968 年引入職業足球到 1986 年，共經歷了十八個球季。要在這一章全面記述這十八年的甲組故事和解釋香港職業足球先而盛世後而衰落，當然沒有可能。這一章只希望能做到以下兩件事：一、描述香港甲組在推行職業足球到全華班期間的重要變化；二、嘗試解釋為何八十年代會出現最終演化成為「全華班」的削援政策。

職業足球第一支巨型班：怡和

在引入職業足球的第一個球季，未有正式改為職業球隊的南華蟬聯甲組聯賽冠軍。而五支職業球隊方面，最引人注目的當是怡和。怡和是在 1968 年度至 1969 年度球季才首度獲得參加甲組的資格。新升班的怡和即銳意組成職業強隊。在新球季季初，怡和已羅致得多名國腳級（黃文偉、陳鴻平、郭德先）和港腳級（龔華傑、鄺演英、李國強等）人馬助陣。到 1968 年底，由北美職業聯賽重返香港的張子岱亦成為怡和陣中一員。和以往的九巴一樣，怡和能吸引不少名將加盟，與怡和能為球員提供一份穩定職業有關。例如黃文偉效力怡和時獲安排推銷洋酒；[1] 張子岱則負責推銷冷氣機；[2] 而陳鴻平在怡和的推銷員工作更一任二十一年。[3] 所以嚴格而言，以半職業球隊來形容這支巨型班，或許比用「職業隊」的名義更貼切。

怡和首次在甲組亮相的成績是第三名，同屆怡和在銀牌決賽經加時後以四比二擊敗警察捧盃，奪得怡和在甲組首個冠軍。翌屆是怡和的高峰。當屆怡和保留了原有大部分主力，另外補充了駱德輝和鄭潤如。而駱德輝之兄駱德興則任教練，季尾又有大馬鋼門仇志強加盟。結果怡和除了失落高級組銀牌賽外，成功贏得四項錦標：

甲組聯賽、金禧盃、史丹利木盾七人賽和總督盃冠軍。該屆的總督盃是一項新盃賽，由英美煙草公司贊助，只容許甲組的職業隊伍參加，故又被稱為「職業盃」。到第三屆賽事，總督盃才不再只限由職業球隊角逐。

到 1970 至 1971 年度球季，怡和的人腳仍沒有多少變動，卻四大皆空，並且在球季結束後宣布退出聯賽。當年效力怡和的黃文偉指怡和退出是因為新上任的怡和高層對足球沒有興趣。[4] 而在怡和致足總表明要退出的信件中，則是以球圈的氣氛為由故決定不再參賽。[5] 事實上，該季怡和曾與足總鬧得相當不愉快。當中很可能激化雙方矛盾的是張子岱停賽案。1970 年 12 月 30 日，一場總督盃賽事在花墟場舉行，戲碼為怡和對九巴。賽事途中怡和的張子岱和九巴的廖榮礎打鬥，二人雙雙被球證驅逐出場。[6] 之後足總紀律小組判罰兩人停賽六個月，怡和提出上訴後上訴委員會維持原判。[7] 怡和會方認為這個針對該會當家球星的判罰過重，怡和退出的傳聞就開始出現。怡和除了退出了 1971 年 3 月舉行的亞洲冠軍球會盃，球隊教練駱德興原本被足總委為帶領香港青年軍參加 1971 年亞青盃的教練，但駱德興後來又辭任港青教練職務。[8] 這兩項舉動或多或少都反映了怡和對於參加足總賽事已心灰已冷。[9] 而怡和退出聯賽則令到該季以倒數第二位完成聯賽的九巴得以保住甲組資格。

十四隊甲組和引入外援

怡和在退出甲組前的一屆聯賽，在聯賽榜屈居流浪之後得亞軍。而該年流浪本身就不應該甲組出現的。在 1969 至 1970 年度球季，流浪以倒數第二名完成聯賽，理應與包尾大幡港會一起降到乙組角逐。但在 1970 年 3 月，流浪和港會卻提出將原本有十二支球隊

參賽的甲組聯賽擴軍至十四隊，而且訂明當季甲組榜末兩隊可以參加來季擴軍後的甲組聯賽。此案在當月的執委會得到通過。[10] 後來上訴委員會接受了消防的要求，判定執委會的議決無效。[11] 但流浪創辦人畢特利就此事入稟法院並獲勝訴，於是流浪就能與港會留在甲組。[12]

流浪是足球職業化後初期最積極引入外援的球隊。1968 至 1969 年度球季，流浪創辦人畢特利就邀請了泰國年青球員宋迪根（Eakchai, Sonthikon）來港。一季後流浪又從泰國羅致了宇登（Udom Chungphulsawatda）和查齊（Chatchai Paholpat）兩人。不過這幾位泰國小將不但在來港前沒有多少香港球迷認識，加盟流浪後也沒有留港太久就離隊。宋迪根可算是香港足球圈首名職業外援，但由於他不具名氣，他的來投沒有帶來太大注意力。所以不少人或會以為許允正才是香港職業足球首位外援。

同樣是 1968 至 1969 年度球季，星島成功邀得南韓國腳許允正來港投效。星島在 1964 至 1965 年度重返甲組後一直都在名宿許竟成的領軍下組織巨型班參賽。張氏兄弟在 1968 年初赴北美踢職業足球前，就是效力星島。雖然「噴射機」始終未能自 1946 至 1947 年度後再次贏得甲組聯賽冠軍，但在六十年代升班後連續七屆都是甲組聯賽三甲，並曾贏得兩屆銀牌冠軍和兩度成為金禧盃盟主。1969 年 2 月 14 日，許允正首度在聯賽上陣，為星島迎戰九巴。挾着南韓國腳之名，許允正來港不久就曾入選港聯與印尼球隊柏斯齊交手。[13] 然而，總體來說星島引入許允正難以說是成功之舉。同年年底，許允正未有完成兩年與星島的合約就返回南韓。

流浪的泰援實驗失敗後，畢特利未有放棄繼續引入外援。仇志強在 1969 至 1970 年度季尾加盟怡和前，就曾先為流浪把關。而促使流浪由降班球隊迅即變為聯賽冠軍的主因，就是流浪在 1970 年

度至 1971 年度球季引入了蘇格蘭外援。當年流浪獲得以前支持元朗的趙不弱和陳瑤琴夫婦入閣,為球隊提供了從蘇格蘭聘用外援的資金。1970 年 9 月 19 日,流浪在花墟場對愉園的一仗,成為了來自亞洲以外的職業外援首度亮相香港聯賽的賽事。當日流浪陣中有居里(Darren Currie)、華德(Walter Gerrard)和積奇(Jackie Trainer)三名蘇格蘭球員。結果居里先開紀錄,華德則梅開二度,流浪以四比一打勝仗。[14] 當日花墟球場有爆棚之盛,足證香港球迷對於這幾位蘇格蘭援將甚感興趣。當屆流浪還從蘇格蘭找來了麥佳(Archie McQuaig)和森遜(Eddie Simpson)。在外援的加持下,再加上當屆流浪的華人班底有郭家明、黎新祥、鄧鴻昌、朱國權和老將林尚義等人,流浪成績大躍進,由聯賽倒數第二搖身一變成為聯賽冠軍。而流浪起用蘇格蘭外援的這一著亦是香港甲組球隊大規模聘用外援的起點。

職業足球的高峰時期

　　流浪奪得聯賽冠軍的這個球季,甲組聯賽的平均入場人數為每場四千七百二十八人,和之前一季沒有太大分別(見表 7.1)。之後的一季南華力壓起用大量外援的加山重奪聯賽冠軍時,平均入場人數已突破五千大關。如果要為香港職業足球找一個盛世,大概就是 1971 至 1976 年這段時期。1973 至 1974 年度球季,甲組聯賽的總入場人數打破百萬大關,平均每場入場人數更由去屆的五千四百七十四人大幅升至六千三百三十八人。如以聯賽入場人數論,這一屆當是歷史高峰期。之後的兩屆甲組聯賽,儘管平均每場入座人數都錄得跌幅,但數字還是比起 1972 至 1973 年度可觀。到 1976 至 1977 年度球季,入場人數始見重挫。

表 7.1 歷屆甲組聯賽入場人數（1968/69 至 1986/87 年度）

球季	甲組聯賽賽事場次	總入場人數	門票總收入（港元）	平均每場入場人數	平均每場入場人數與上屆的變化
1968/69	133*	611734	1,224,969.80	4600	
1969/70	132	645212	1,489,779.80	4888	+6.26%
1970/71	182	860540	1,939,841.10	4728	-3.27%
1971/72	182	962534	2,330,153.90	5289	+10.61%
1972/73	182	996252	2,922,483.10	5474	+5.21%
1973/74	182	1153563	4,277,629.00	6338	+15.78%
1974/75	156	986106	5,132,943.50	6321	-0.27%
1975/76	132	763568	3,844,774.00	5785	-8.45%
1976/77	132	559781	2,895,639.00	4241	-26.69%
1977/78	132	542011	2,805,984.00	4106	-3.18%
1978/79	132	475137	2,570,818.00	3600	-12.32%
1979/80	132	322020	2,719,394.00	2440	-32.22%
1980/81	110	469186	5,984,183.00	4265	+74.80%
1981/82	110	626991	12,458,517.00	5700	+33.65%
1982/83	91#	551081	12,616,903.00	6056	+6.25%
1983/84	72	313072	6,626,266.00	4348	-28.20%
1984/85	72	205969	4,566,440.00	2861	-34.20%
1985/86	87+	257022	6,037,200.00	2954	+3.25%
1986/87	56	67341	1,348,570.00	1203	-59.28%

* 當屆一場星島對流浪的聯賽，因為天色欠佳而在完場前不久腰斬，並擇日重賽。

晨星在被取消參加甲組資格前曾與流浪在甲組聯賽碰頭。

+ 俠士在尚有三場聯賽未完成時決定退出甲組賽事。

資料來源：歷年《香港足球總會年報》。

表 7.2　主要本地賽事冠軍名單（1968/1969 至 1985/1986 年度）

球季	甲組聯賽	高級組銀牌	總督盃	高級組金禧盃或足總盃	史丹利木盾	會長盃冠軍	主席盃冠軍	其他賽事
1968/69	南華	怡和		南華	星島			
1969/70	怡和	星島	怡和	怡和	怡和			
1970/71	流浪	流浪	東方	星島	消防			
1971/72	南華	南華	南華	流浪	消防			
1972/73	精工	精工	精工	加山	精工			
1973/74	南華	精工	流浪	精工	南華			
1974/75	精工	愉園	流浪	精工	停辦			
1975/76	南華	精工	愉園	精工	南華	精工	南華	
1976/77	南華	精工	加山	流浪	停辦	東昇	精工	
1977/78	南華	愉園	精工	精工	停辦	東昇	精工	
1978/79	精工	精工	精工	元朗	精工	精工*	精工*	
1979/80	精工	精工	南華	精工		愉園*	愉園*	
1980/81	精工	精工	東方	精工		精工		
1981/82	精工	東方	寶路華	寶路華		精工		
1982/83	精工	愉園	寶路華	寶路華		精工		
1983/84	精工	寶路華	精工	東方		愉園		寶路華（彪馬盃）
1984/85	精工	精工	精工	南華		南華		
1985/86	南華	南華	精工	精工		精工		愉園（六強盃）

* 該兩個球季，會長盃和主長盃合併為同一個賽事。之後主席盃改為由預備組爭奪。

資料來源：歷年《香港足球總會年報》。

　　在 1971 至 1972 年度至 1975 至 1976 年度這五個球季期間，甲組聯賽冠軍在聯賽的勝出率都不到七成。其中 1971 至 1972 年度和 1975 至 1976 年度的冠軍（均為南華）的勝出率更是連六成也沒有。而聯賽榜首球隊與第五名的球隊，在這五季內的分數差距最多只有十分，在 1974 至 1975 年度球季更只有四分（冠軍精工與第五名光

華的積分差距）。[15] 由此可見，在這幾屆賽事中，前列分子的實力往往相當接近。而外援之引入能夠令到華人班底較弱的球隊可以挑戰本地球員班底實力雄厚的球隊，或者是這幾季甲組聯賽如此受歡迎的原因之一。

香港職業足球的高峰期也是精工冒起的時間。精工在 1972 年度至 1973 年球季初升上甲組，即組成巨型班參戰。精工當年最重要的決定，當然就是由南華手中爭得胡國雄加盟。除了胡國雄外，精工升上甲組首屆的華人主力尚有陳鴻平、何新華、何容興和霍柏寧等人，再配合居里、華德、曼紐（Manuel Cuenca）等外援球員，結果甫升班就在教練陳輝洪帶領贏得即甲組聯賽、高級組銀牌、總督盃和士丹利木盾四項大賽冠軍。當季精工只因為在決賽互射十二碼不敵加山而失落了金禧盃這個錦標。

在這個職業足球的高潮期間，球圈其實也有一些負面的發展。十四隊甲組這個數字，維持了四季就結束。在 1973 年度至 1974 年球季後，消防宣布退出。消防是在 1968 至 1969 年度球季取得升上甲組的資格。雖然消防和警察一樣，是政府紀律部隊體育會的球隊，但消防升班後就沒有打算只組織業餘球隊，而是網羅職業好手。張子岱和張子慧昆仲在七十年代初都曾加盟消防。而後來消防足球隊索性成立有限公司獨立運作，故該隊的正式英文名後來已不是 Fire Services，而是 Siu Fong。[16] 消防在甲組的十一人賽事始終未嘗過冠軍滋味，但曾在 1970 至 1971 年度球季和 1971 至 1972 年度球季兩奪史丹利木盾七人賽冠軍。後來該隊因資金不足，決定退出聯賽，令甲組隊數減至十三隊。[17]

消防退出後一年，輪到鐵行退出甲組行列。與消防不同，鐵行在甲組的三季期間，沒有刻意羅致五星上將加盟。首兩季鐵行以全華班角逐，沒有聘用外援。到第三年要踢護級戰時，鐵行才找來大

馬和印尼援將護級。結果這支長期由「香港之寶」姚卓然任教的球隊在最後關頭護級成功。不過，在 1975 至 1976 年度聯賽開鑼前，鐵行卻入信足總決定退出聯賽。當年的傳言是鐵行本身已委託名宿吳偉文任新一屆教練，但後來班主周啟奎決定放棄，故甲組隊數又恢復為十二隊。[18]

會長盃和主席盃

自從總督盃成立後，如不計史丹利木盾七人賽，甲組賽事就每屆有四大錦標：聯賽、銀牌、總督盃和金禧盃（1974 至 1975 年度球季起改為足總盃）。在球市好景期間，強強相遇往往可賣過滿堂紅。換言之，就算在香港搞職業足球幾乎沒有可能是一盤賺錢的生意，但如果受歡迎的球賽多，則起碼可以減少球隊經營者的虧蝕。在這誘因下，七十年代中曾多了兩項十一人賽事出現。1974 至 1975 年度球季季末，當年的聯賽四強角逐了會長盃四強賽。翌季季末，會長盃則由聯賽六強爭奪。會長盃設立後的一季，即 1975 至 1976 年度，主席盃亦首度上演。當屆的賽制是將十二支甲組隊分成四組，每組各三隊先作單循環賽事。每組首名晉級四強單淘汰賽。第二屆主席盃的賽制與首屆沒有變化，但就被編排在季初舉行，甚至比甲組聯賽更早開鑼。這屆主席盃的四強南精大戰和決賽的精愉大戰都曾令大球場全場爆滿。但季初的兩場「爆棚波」未能預示 1976 至 1977 年度的球市會一直熱鬧下去。相反，這一季的聯賽平均入場人數比起去屆跌了百分之二十六點七，而且當季甲組聯賽平均入場人數是香港足球職業化後最低的數字。球市突吹淡風是否與季初安排了主席盃有關，實難有定論。但在球市蕭條的影響下，再加上球季因為要遷就港隊到新加坡參加世界盃外圍賽而延長，季末上演的

會長盃就改成由聯賽六強在一日內完成的七人賽。

由於球市急轉直下，這兩項在球市高峰期創立的賽事不久就要面對相當尷尬的處境。1977 至 1978 年球季，主席盃成為了七人賽，而會長盃又恢復為季末的四強賽，並以單循環定高下。結果會長盃要戰至六月十八日始煞科。當日大球場雖然是聯賽四強雙料娛樂而且關係到會長盃冠軍誰屬，但入場人數連兩千一百人也不到。[19] 會長盃的失敗經驗促使足總索性將會長盃與主席盃合併成一個賽事。1978 至 1979 年度及 1979 至 1980 年度兩個球季，會長主席盃都是季初的十一人賽事，賽制與以往的主席盃十一人賽一樣。在這兩個球季中，球市仍然沒有起色。會長盃和主席盃在 1980 至 1981 年度起復歸兩個不同的賽事。會長盃成為季初由甲組球會參加的七人賽，算是取代了以往史丹利木盾的角色。而主席盃則成為由甲組球會預備組爭奪的獎盃。

雖然史丹利木盾七人賽在過去也偶爾會停辦，但既然足總讓會長盃成為例行的季初七人賽，為何不保留史丹利木盾為七人賽的錦標呢？史丹利木盾和會長盃七人賽有兩個分別。首先，木盾是慈善賽，利潤要撥作慈善用途。而會長盃七人賽則沒有這規定。以會長盃改為季初七人賽的第一屆為例，比賽的純利將由甲組會分享。[20] 另外，史丹利木盾是容許非低組別球隊參賽，但會長盃則只限甲組球隊參賽。由此可見，以會長盃七人賽取代木盾賽，也反映著甲組球會而為自己的收益着想。這正好是職業足球無可避免出現的邏輯。

南華沉淪

當球市在七十年代中後期開始下滑時，香港本地足球的霸主地位亦見易手。雖然精工在升上甲組後首季即有優異成績，但之後幾

屆精工在聯賽相對南華而言仍然略居下風。在緊接五屆賽事中，精工僅在 1974 至 1975 年度能奪得聯賽冠軍。相反，南華先在 1973 至 1974 年度稱王聯賽，之後更由 1975 至 1976 年度起取得聯賽三連霸的佳績。但在 1978 至 1979 年球季，南華的成績大倒退。當年南華有數名主力離隊。蔡育瑜、馮志明和陳細九三將都加盟了愉園；老將黃文偉則加盟市政。而仇志強亦不再留港長期效力，只是不時由大馬來港客串上陣。雖然同時南華補充了大馬國腳葉志強，但南華當屆的表現已今非昔比，在聯賽榜的十二隊中僅列第八位。之後隨著何容興和曾廷輝先後在 1979 至 1980 年度球季和 1980 至 1981 年度球季上山，蔡育瑜和馮志明又回巢效力，南華在 1980 至 1981 年度算是重回強隊行列，奪得聯賽亞軍。

值得留意的是，在包括精工在內的不少甲組球會都起用外援的時候，南華在當時仍然堅持「全華班」政策。雖然南華自己所遵行的全華班政策令這支搖台躉可以起用來自大馬的華人球員，而七十年代正是大馬足球的黃金年代，但南華在七十年代後期三連冠的時期，曾在南華陣中擔任主力的大馬華將只有仇志強和黃金福兩位門將。[21]

為南華效力的第一位非華人球員應是 1978 至 1979 年度球季初曾短暫效力的韓援朴利天。朴利天離隊後，南華在之後兩季多都沒有再起用非華人球員。諷刺的是，南華決定開放聘用外援的一季，就是南華身陷降班旋渦的一季。1981 至 1982 年度球季，南華賽前曾到西德集訓，後來更聘請了西德籍教練漢拿（Manfred Hoener）執教。[22] 聯賽開局未如理想後，南華在季中就引入幾位西德外援。當南華在季末為護級掙扎時，球迷騷動事件曾在南華在大球場對荃灣、精工和加山後爆發。[23] 最後南華要戰至最後一輪擊敗海蜂才護級成功。在最後關頭保住甲組席位後，南華在暑假從東方找來黃興

效力南華的馮志明（左）（獲《足球圈》雜誌主編陳灌
洪先生授權使用）

效力愉園的劉榮業（獲《足球圈》雜誌主編陳灌洪先生授權
使用）

桂任教練，而且在球季開始前便已物色外援。南華季初的外援包括了荷蘭籍和西德籍球員。但由於頻吃敗仗，南華在季中找來了蘇格蘭的米勒（Alex Miller）任教練兼球員。米勒上任後，亦帶來了幾名蘇格蘭外援。但季末增兵卻未能阻止南華在該屆聯賽敬陪末席（至於為何護級失敗又不用降班，詳見下文）。當然南華護級失敗也不能歸咎於球隊放棄了「全華班」政策。

而七十年代中後期另一支勁旅愉園也是沒有聘用外援的。愉園在七十年代雖然無法染指聯賽冠軍，但由 1974 至 1975 年度球季起的八屆起，愉園只有在 1975 至 1976 年度球季無法打進聯賽三甲。在這八季中，愉園共試過五次在聯賽屈居亞軍。其中以 1974 至 1975 年度球季的愉園與聯賽錦標最為接近。當屆愉園擁有張子岱、鍾楚維、劉榮業、黎新祥和鄭潤如等猛將，最後與精工同積三十五分，僅因得失球差欠佳而未能奪冠。到 1981 至 1982 年度球季球迷，愉園才開始起用外援。南華和愉園兩支「全華班」在七十年代中後期所取得的佳績，或者正反映出其實當年不少來港參加甲組聯賽的外援，水平不一定比本地球員高。[24]

精工王朝、大牌外援與寶路華崛起

當南華經歷史無前例的低潮時，精工則在享受球隊史上最輝煌的時期。由 1978 至 1979 年度球季起，精工連續七屆賽事都榮膺甲組聯賽冠軍。而七連冠的第一屆也許正是精工最接近完美的球季。當屆精工不但以十九勝三和的不敗成績重奪失落了三屆的聯賽冠軍，亦贏得了最後一屆士丹利木盾七人賽、會長主席盃、高級組銀牌和總督盃錦標。如非在足總盃決賽爆大冷互射十二碼不敵元朗，精工當年就可囊括甲組隊可以爭奪的所有六大錦標。

精工開始其七連霸霸業時，也是球市退潮的時期。1979 至 1980 年度球季，甲組聯賽的平均人數已跌至不足二千五百人。如此的跌幅，不會是因為該屆甲組隊有「票房毒藥」港會就能解釋的。[25] 南華在這兩屆成績轉差，既不是爭標分子，又沒有護級之虞，可能是球市下瀉的重要因素之一。在之後的三季，當南華在 1980 至 1981 年度球季重新成為勁旅得聯賽亞軍，和之後兩季要為保住甲組席位奮鬥時，甲組聯賽的平均入場人數即告回升。不過，球市能在南華護級的兩季恢復到漸近七十年代中的高峰時期，或者也與精工的新引援政策和寶路華的異軍突起有關。精工在聯賽不敗而且榮獲五冠一亞的球季，球隊仍然以胡國雄為核心，本地華將有盧福興、賴汝樞、曾廷輝、區永鴻等人。而外援球員包括卜鎬瑛、古廉權、林芳基、麥威廉（Ian McWilliams）、森寶（Billy Semple）等。以上提到的這幾位外援，正好是七十年代香港甲組外援球員的三個主要來源地：南韓、馬來西亞和蘇格蘭。到 1981 年初，精工開始引入荷蘭外援。首批三位外援中，就有曾為荷蘭國家隊上陣的迪嘉（Chris Dekker）。到 1981 至 1982 年度球季，精工的荷援級數更大大提高。當季季初精工陣中已有六名荷援，其中穆倫（Gerrie Muhren）和迪莊（Theo De Jong）都是國腳級選手。前者曾助阿積士贏得三屆歐洲冠軍球會盃冠軍；後者則曾在 1974 年世界盃決賽後備上場。之後幾屆，精工亦多以荷蘭援將為主力。當中南寧加（Dick Nanninga）、連尼·加賀夫（René van de Kerkhof）和海恩（Arie Haan）都曾在 1978 年世界盃決賽上陣。[26]

當精工開始引入名氣甚大的荷蘭外援時，已在甲組打滾了兩屆的寶路華亦啟動改革。[27] 會長黃創保找來了記者謝東尼任領隊。據謝東尼回憶，當年他答應任職領隊的條件之一是要寶路華聘請外國教練。[28] 1981 至 1982 年度球季，寶路華的新教頭即為蘇格蘭籍的

足球王國：戰後初期的香港足球

韋利（Ron Wylie）。與韋利一同加盟的還有一名名氣甚大的球員：查理佐治（Charlie George）。查理佐治成名於七十年代初的阿仙奴。他的入球助阿仙奴在 1970 至 1971 年度球季奪得英格蘭甲組聯賽和足總盃的雙料冠軍。雖然查理佐治最後在場上未有為寶路華帶來太大貢獻，但寶路華羅致查理佐治卻象徵着球隊致力於引進高質外援。查理佐治在 1982 年初與寶路華解約後，寶路華旋即從曼城借來曾為英格蘭國家隊上陣一次的杯亞（Phil Boyer）和 1974 年世界盃蘇格蘭國腳克捷臣（Tommy Hutchison）。該季季末，寶路華羅致了曾代表蘇格蘭參加 1978 年世界盃決賽週的唐馬遜（Don Masson），以取代離隊的杯亞為球隊爭奪足總盃。結果寶路華繼奪得總督盃後，再在足總盃決賽擊敗以韓國援將為主力的海蜂成為雙料冠軍。

1982 至 1983 年度球季，由於韋利獲得西布朗的聘書，寶路華改由英籍教練和頓（Geoff Vowden）執教。另外，寶路華從列斯聯引入前蘇格蘭國腳柏蘭尼（Derek Parlane）。柏蘭尼在七十年代曾為格拉斯哥流浪的絕對主力，來港時仍不足三十歲。柏蘭尼當年在總督盃決賽個人獨建兩功，助寶路華以二比一擊敗東方捧盃。[29]在足總盃決賽，寶路華勝流浪三比零，柏蘭尼亦射入一球。[30]該屆寶路華陣中除了有柏蘭尼和克捷臣外，外援主力尚有甸斯（Barry Daines）、科利（Peter Foley）、達德利（Alan Dugdale）和包維（Barry Powell）等。以上四將除了科利外均有在英格蘭頂級聯賽上陣的經驗。再配合陳發枝、陳雲岳、余國森、施建熙和蔡滿祥等華人球員，寶路華季內四戰精工竟告全勝，本來極有可能拿下聯賽冠軍。在最後一場聯賽，寶路華如能以兩球的差距擊敗海蜂就可以奪標。但寶路華遇上當年已是護級球隊的海蜂，卻未能攻破廖俊輝把守的大門。[31]雙方賽和零比零，精工再一次蟬聯聯賽寶座。

之後一季（即 1983 至 1984 年度球季），寶路華的華人陣容沒

有大變動，但外援則有柏蘭尼、克捷臣、甸斯和達德利離隊，另外有海蜂韓援朴炳徹來投。結果寶路華雖然再一次失意於聯賽（與精工同分但得失球差不及對手），不過亦得到了銀牌和彪馬盃的冠軍。然而，這一季的球市不但重吹淡風，甲組聯賽平均每場入場人數急跌近三成，而且也是寶路華在甲組的最後一季。

甲組隊數減少

在討論球市重吹淡風的可能因素前，先要回顧一下球市在 1980 至 1981 年度球季開始三年復甦時期的一些隱患。自從鐵行退出甲組行列後，之後五屆甲組聯賽的參賽球隊都是十二隊。但到 1979 至 1980 年度球季結束後，元朗決定退出聯賽。當日元朗區體育會發表聲明包括了以下的內容：「七九至八零年度加強實力後，班費開支遠較過去為重，而戰績竟比往屆不如，歸納原因，不外乎球員合拍不慣，操練不足，球壇吹淡風引起球員無心戀戰，以元朗隊之實力，竟然面臨降班確非始料所及，雖然本屆球季結束後幸保甲組席位，惟本會方董事局經多番討論後，認為如下屆繼續參加甲組球賽，會方及有關人士隨時可以集足軍費組軍，惟經多方檢討後，認為耗資數十萬元應付一項足球運動是否適當」。[32] 換言之，元朗退出的主因不是因為資金問題，而是認為組織有競爭力的甲組隊伍所需資金不少，但未能有合理回報。另外，當時的報章報道亦提到元朗面對的最大問題不是無人願意出資，而是無人願意領軍。[33]

元朗退出後，甲組在 1980 至 1981 年度球季只剩下十一支球隊，而且該季包括了兩支純業餘球隊警察和港會，但球市卻顯著回溫。警察和港會一如所料一齊降班，令甲組在 1981 至 1982 年度球季沒有純業餘球隊。這一季南華護級成功，加山陪同首次亮相甲組

的保濟降回乙組。而取代這兩支球隊甲組資格的則是菱電和晨星。季前曾傳出晨星準備大搞的消息，但同時又有指晨星未有繳清上一屆在乙組作賽時的「波糧」和欠債。足總遂要求晨星提交五十萬元保證金。但晨星未能提供，故在 1982 年 10 月初被足總取消參賽資格。[34]

沒有了晨星，該屆甲組賽事就只剩下十隊角逐。而南華之所以位居榜末也不用降班，除了球隊的「擂台躉」地位外，還有其他因素。該季結束後不久，僅在甲組出現一季的菱電就宣布退出。菱電主席胡曉明在宣布退出的記者會上曾提到，甲組球隊的花費其實大多用在外籍教練和外援身上，所以投資本地足球難以起到栽培本地球員的作用。[35] 據報當年菱電的虧蝕達三百萬元，而同時擔任足總副會長的菱電會長胡法光直指容許太多外援參賽是甲組的一個問題。[36] 當屆取得升上甲組資格的有乙組冠軍警察和亞軍先特霸。但業餘球隊警察決定不升班。[37] 本來乙組季軍的港會可以遞補，但港會要求在升上甲組後足總豁免該會遵守外援限額的限制，而足總又拒絕港會的要求，故港會亦沒有升班。[38] 在菱電退出和乙組只有先特霸升班的情況下，如果南華和荃灣依例降班，則甲組隊數將減至八隊。在這背景下，南華和荃灣就獲得挽留。[39] 最後荃灣不接受挽留而南華決定留級，故 1983 至 1984 年度球季的甲組隊數為九隊。

短短三季內，甲組隊數由十二隊減至九隊，絕非球壇福音。晨星的問題或者與會長陶夏利（Harry Staudt）處理會務不善有關，但元朗和菱電決定退出則更反映出投資甲組球隊的開支愈來愈高的現象。搞甲組球隊的資金對香港的富人來說未必是太大的負擔。但如果支出龐大，出資者希望有令人滿意的回報也是人之常情。不過在賺錢幾乎是沒有可能的情況下，由於競技運動是必然會有贏家和輸家的，搞足球要得到足夠的滿足感和榮譽就不可能有保證。而促成

寶路華退出的削援決定，也需要放在開支龐大的這個脈絡下去理解。

削援

　　造成 1986 至 1987 年度球季變成「全華班」的削援方向源於 1982 至 1983 年度球季。有趣的是，在 1981 至 1982 年度球季前，足總才修例稍為放寬外援限制，將原本註七出五的規定改為註七出六。但踏入 1983 年，削援的聲音卻甚囂塵上。事實上，1982 至 1983 年度球季的聯賽平均入場人數甚至比上季更高。而這很可能與南華的降班危機引起球迷追看賽事有關。然而，盃賽的入場人數卻是一落千丈。總督盃和足總盃的場次雖然僅比一季前少了一場，但入場人數竟然分別大跌百分之四十七點八七和百分之六十六點零三。而當屆高級組銀牌由單淘汰制改為先分組作賽始進入淘汰賽階段，令銀牌場數由十場增至二十三場。但即使如此，1982 至 1983 年度球季的銀牌總入場人數竟比 1981 至 1982 年度球季減少百分之二十一點三九。[40] 時任足總主席的許晉奎曾為支持削援政策解畫。他認為如果能減少外援，到時甲組賽事可以減票價以吸引球迷入場。[41] 換言之，削援是應對各甲組隊虧蝕太多的回應。而在 1983 年上半年，削援已幾乎成為各支甲組會重臣的共識。就算是後來因為不滿削援政策而退出的寶路華，也有報道指其領隊謝東尼曾表態支持削援。[42] 而當時用盡外援名額的精工，主事人黃創山也是支持削援的。所以當時的問題不是是否削援，而是削減多少外援而已。[43] 那時曾傳出的方案包括最激烈的「全華班」和註三出三。而最後落實的方案則是改為註五出四。

　　足總同人大會通過將外援限額改為註五出四後不足兩個月，三支甲組隊愉園、東昇和海蜂即一同入信要求在 1984 至 1985 年度

球季將外援限額進一步削為註二出二。[44] 而到季末，愉園再次去信足總要求將來季的外援上限改為註二出二。[45] 愉園、東昇和海蜂三支球隊儼如組成了甲組會中的最激進削援勢力。愉園和東昇都是左派球會，有霍英東及霍震霆父子支持。海蜂當時是陳瑤琴旗下的球隊。縱橫球壇十多年的「阿姐」在 1981 至 1982 年度球季季末加山行將護級失敗時決定支持海蜂。但到 1983 至 1984 年度球季，陳瑤琴似乎對投資男子職業足球已沒有多少興趣。當屆海蜂已不起用外援，身體力行實施全華班，而且有報道指海蜂在該屆的班費也得霍英東的支持。[46] 左派加上在乙丙組有極大影響力的陳瑤琴站在同一陣線，如果要在同人大會投票的話，大幅削援政策是有機會通過的。但甲組會內還有其他力量。精工（黃創山）、寶路華（黃創保）和東方（林建名）都不贊成大幅削援。黃創山在 1984 年上半年曾在自辦刊物《精工 82》提過，他本來也十分贊同削援，但眼見 1983 年度至 1984 年度的球市又走下坡，而且季末精工對寶路華的聯賽重頭戲只得一萬三千多人入場，所以他覺得其他救市的方法更重要。[47]

　　表 7.1 的數據顯示，1983 至 1984 年度球季甲組聯賽的入場人數雖然平均比起 1980 至 1981 年度球季高少許，但確實比起一季前大幅下降。而由於甲組隊數只餘九隊，本季亦出現了一個別開生面的盃賽：彪馬盃。彪馬盃的賽制是先由甲組隊爭奪決賽週資格。出線的四隊甲組隊將與四支外隊參加單淘汰的決賽週，而八強的戲碼必定是本地球隊對外隊。當年出線決賽週的甲組隊為精工、寶路華、南華和愉園。而參賽的外隊有南韓油工隊、上海隊、泰國奧運隊和日本聯賽選手隊。怎料本地球隊在八強俱取勝，四強賽事又變回本地賽事無異，唯一不同的是本地球隊可以派遣全部五名外援同時上陣，而不是只可同時起用四名外援上場。彪馬盃決賽為寶路華對愉園，賽前有南精大戰爭季軍作序幕戰，入場人數一萬

五千六百八十四人，未能坐滿大球場。[48] 1983 至 1984 年度球季的本地賽事中，就只有季初南華對寶路華的一場聯賽能令大球場坐無虛席。

當黃創山以球市蕭條為由反對削援時，球市蕭條亦可以被視為削援的理據之一。簡單來說，球市差即是球隊虧蝕大，而進一步削援可以減省甲組隊的開支。除此之外，力主削援的陳瑤琴還提出過其它支持大幅削援理據：要栽培本地年青球員、讓球迷覺得球員有親切感和華人社會的聯賽應以華人為主。[49] 但無論反對削援派和主張削援派的真實考量為何，兩派都不得不面對球市蕭條的事實。而雙方所提出的應對之道顯然不同。

在 1984 年 6 月的足總執委會上，兩派都似乎都沒有全勝。執委會的決定是：來屆的外援進一步削減至註三出三。到 1985 至 1986 年度球季則會再減至註二出二；至 1986 至 1987 年度球季起則會禁絕外援。[50] 要注意的是，相關決定是需要同人大會修章作實。而同人大會在 1984 年 6 月底通過將外援人數改為註三註三時，沒有通過未來進一步削減外援名額的議案。因此，1984 至 1985 年度球季的註三出三成定局之際，不代表 1986 至 1987 年度球季的全華班真的會實行。事實上，1985 至 1986 年度球季就沒有如原計劃一樣改為註二出二，而是繼續行註三出三的制度。

走向「全華班」和精工退出

執委會決定由註五出四改為註三出三的第二天，黃創保即宣佈寶路華退出聯賽。黃創保表明削援是寶路華退出的原因。[51] 寶路華決定退出後，足總挽留了本應要降落乙組的流浪和海蜂，兩支球隊都接受挽留。再加上升班的荃灣和俠士，第一個註三出三的球季理

應有十支甲組球隊。但在暑假，先特霸又宣布退出，理由一之是球市吹淡風。[52] 先特霸退出後，甲組隊數即是維持九隊。雖然最激進的削援方案沒有通過，但在九支甲組隊中，起碼有三支都沒有用盡外援名額。這三支球隊是荃灣、流浪和東方。其中荃灣是完全沒有起用外援的。流浪因為陣中唯一外援是由南華借用的前中國國腳何佳，所以其實也是「全華班」。而東方也只有一名外援，他是季中曾來港客串的澳門葡裔球員施梅士。[53] 荃灣、流浪和東方亦「理所當然」地在聯賽榜墊底。僅是三屆前，十一支甲組隊都使用外援，部分更用盡註七出六的上限。但到這個球季，即使甲組九隊沒有業餘球隊，卻只得六支球隊認真使用聘請外援的權利，可見投資足球的興趣在八十年代初確是急速下降。而球市在削援至註三出三和寶路華退出後再度下滑實在不是意料之外。論甲組聯賽的平均入場人數，1984 至 1985 年度球季比起上一季重挫百分之三十四點二零。而整季本地賽事已無法有任何一場可以坐滿大球場。

在球市持續低迷的氣氛下，不認同削援政策的黃創山就提出了改革方案——《香港足球改革建議書》。[54] 簡單來說，黃創山的主要建議是增設超級聯賽，賽事全在大球場舉行，並實施三分制。[55] 參加超級聯賽的球隊可以提供資金的贊助商為名，而且外援人數規範應是註六出六。同時甲組聯賽會保留，但改為全華班，而且球賽主要在旺角場舉行。而同一間球會可以同時派隊參加超級聯賽和甲組聯賽，而甲組聯賽的華人球員亦可以在超級聯賽亮相。黃創山的提議一方面希望藉著重新放寬外援名額的超級聯賽以吸引商業贊助和球迷。而提議同時設立沒有外援的甲組聯賽則算是回應了主張削援人士的其中一個主要理據：培育年青球員。

雖然黃創山提出建議書時已臨新季尾，但他依然期望超級聯賽可在 1985 至 1986 年度球季展開。足總執委會在四月中旬原則上通

過了黃創山的建議書，並成立了改革足球特別小組（成員包括黃創山本人），以求物色到足夠的贊助商讓超級聯賽可以在 1985 年下半年開鑼。[56] 由於時間緊迫，要在開季前找到足夠的贊助商幾無可能，超級聯賽計劃最後未能如期落實。[57] 然而，足總執委會亦通過了與《香港足球改革建議書》相關的改制計劃：甲組聯賽三循環、三分制和票房採取勝方六負方四的分賬方式。[58] 不過相關的決定還要足總同人大會通過才能生效。而到七月底的同人大會，這幾項建議都被否決。據當時的報章記述，建議無法通過是因為陳瑤琴系統的乙丙組部隊發揮其威力。[59] 但為甚麼當年已經沒有擔任甲組球隊班主的陳瑤琴要動員乙丙組球隊反對甲組的改革大計呢？當中的主因之一，或者是以上的改動是對強隊有利、弱隊不利的制度。[60] 強隊對自身的票房有信心，期望多踢一循環可增加收入。但對弱隊來說，多踢一循環反而可能令到球隊的虧蝕更嚴重。而由兩分制變成三分制，也容易拉開強隊與弱隊之間的分差。換言之，陳瑤琴部隊否決改革方案，可被理解為代表甲組中下游球隊利益的行動。

據報陳瑤琴在同人大會當日曾承諾，在來季的執委會提出舉辦六強盃。這項構思算是對黃創山和其他支持改革的甲組會的補償。[61] 最後六強盃由首循環聯賽首六名的球隊角逐，賽制是單循環和三分制，分賬制度是勝方六強負方四成。[62] 而六強盃最後如撇除已決出冠軍為愉園的的一場例行公事（即精工對南華），十四場球賽的平均入場人數有四千三百五十九人。[63] 這數字當然比起甲組聯賽的平均入場人數要高，但也不算是特別理想。入場人數最多的一場六強盃賽事（愉園對南華），當日入場人數為兩萬零三百三十人，與大球場「爆棚」的盛況還有一段距離。[64]

綜觀 1985 至 1986 年度球季的球市，比上季基本上沒有起色。由於乙組只有花花升班，上季列在降班區的流浪和荃灣都沒有降

班，即連續兩個球季都沒有甲組球隊要降至乙組角逐。而到季末，尚有三場聯賽未參加的俠士，其班主丁炯壽突然以不滿足總處事為由入信足總表示要即時退出足總，令到這季甲組聯賽在結束時又只餘九支球隊。[65] 儘管原有的十支甲組隊都有起用外援，但這季甲組賽事的平均入場人數與上季幾乎沒有分別。再加上六強盃的實驗未算成功，似乎令削援的主張漸居上風。季末甚至有報道指連精工都贊同改為全華班。[66] 而另一位原本屬於反削援派的班主林建岳（1985 至 1986 年度球季任南華足球部主任）亦認為球市太低迷，所以贊同全華班。[67] 1986 年 7 月 20 日，足總同人大會通過了來季只容許本地球員參加甲組賽事的議案。出席同人大會的二十七人中，有二十六人投了贊成票。[68] 外援球員因此就由 1986 至 1987 年度球季起暫別香港甲組聯賽，一直到 1989 至 1990 年度球季，外援才重現香港的職業球壇。

與外援一起消失的還有當屆未能完成聯賽八連冠霸業的精工。黃創山是當年 6 月 20 日與領隊張遠一起宣布精工退出的消息。黃創山在當日指出，精工退出的主因是因為自己沒有再有足夠的時間去管理球隊。[69] 精工退出的消息公布後兩天，精工在足總盃決賽經加時後以二比一力克聯賽盟主南華，奪得精工隊史上最後一個錦標。

總結：不可能圓滿的解釋

儘管不少人認為社會科學的主要任務之一是去解釋人類社會的事情，但論證因果關係實是極為困難的事。在回顧香港職業足球十八年黃金期的歷程時，我在上文曾試圖為幾個現象提出原因：七十年代初的職業足球高潮可能與外援來港和甲組前列球隊實力相近有關；七十年代中後期球市蕭條後，八十年代初的球市復甦是因

為南華的戰績、精工與寶路華引進的名將；削援是回應球市淡風的結果。誠然，以上的解釋都肯定不是圓滿的。我們又應如何理解七十年代後期球市會轉趨沉寂這回事？它的出現有何原因？七十年代後期的球市蕭條，是否實是 1982 至 1983 年度起球市再向下行的起點（即 1980 至 1981 年度起連續三屆的球市回溫只不過是長遠球市回落的插曲）？我們又如何將這十八年的起落與香港的社會經濟環境扣連起來？以上這些問題，還需要的更多的研究和分析來提供答案。不過在結束這一章之前，筆者還想就削援再作討論。

八十年代的削援和精工退出，被一些人視為政治的結果。這裏所謂的「政治」包括了宏觀政治對足球的影響和足球圈內部的權力角逐。兩支左派球隊愉園和東昇是削援的激進派，不難令人認為削援是有政治目的。而黃創山所主張的甲組聯賽三分制和三循環在足總同人大會被陳瑤琴能動員的球會否決，顯然香港足球的走向無法避免球圈內各派系之間的角力。政治的影響是無法否認的，但職業足球運動也有自己的運作邏輯。這套邏輯對於削援政策的出現與精工的退出大概也不無影響。

相信沒有多少人會否認，黃創山和其兄黃創保是八十年代初最有決心想提昇香港職業足球吸引力的兩位班主。但黃創保的寶路華因為削援政策而在 1983 至 1984 年度球季後退出。而黃創山的精工亦隨著「全華班」的落實在兩季後退出足總。如果換成是其他產業，只要精工和寶路華搞得有聲有色，那麼這兩支球隊就很可能淘汰其他球隊，令它們無法再維持下去。但職業足球是運動競賽。沒有對手，班霸球隊都無法生存。因此，除非其他班主與黃創山、黃創保有類近的發展藍圖，否則香港職業足球幾乎肯定不可能健康成長下去。尤其是香港職業足球不像外國大部分職業足球一樣有地區基礎。當甲組內所有球隊基本上都是在競爭全港足球迷的市場時，甲

組球隊的利益矛盾就會更大。

如果聘用外援確是八十年代初甲組球隊的主要開支，那麼對於那些無意或者無力「燒錢」與精寶競爭，又不願意見到自身虧蝕太多的班主來說，希望削減外援以減省開支就是相當理性的立場。因為在 1981 至 1982 年度球季，南華、愉園和東昇三支球隊開始全面起用外援，該季就成為首季所有甲組球隊都有聘用外援的球季。自此，沒有外援的球隊不但不可能爭取好成績，甚至連靠戰績保住甲組資格也變得相當困難。再加上球市在 1983 至 1984 年度球季起球市又再轉趨沉寂，削援就算不是普遍球迷所歡迎的政策，但也變得越來越「合理」。

黃創山的《香港足球改革建議書》是回應球市蕭條的另一種策略。但如果超級聯賽要成功舉行，除非本來香港就有足夠像黃創山這樣的班主，否則前題是要有足夠的商業贊助支持各支球隊。在無法在短期內覓得足夠贊助下，黃創山期望在 1985 至 1986 年度球季開打的超級聯賽就未能出現。而當季的球市仍持續低迷，進一步削援就成為「唯一」應對球市蕭條的方法。而沒有了精工和外援的1986 至 1987 年度甲組球季，平均每場觀眾進一步狂跌近六成，跌至平均每場入場人數僅超過一千兩百人的水平。

註釋

1　《黃文偉：黃金歲月》，頁 105。

2　莫逸風、黃逸榮，《香港足球誌：職業足球五十年》（香港：非凡出版，2018），頁 24。

3　廖俊升，〈東方不敗〉元老中場 陳鴻平獲台護照：民國隊吃香〉，載於香港 01 網站（2019 年 6 月 26 日）https://bit.ly/2QSjtEK，〔瀏覽日期，2019 年 11 月 15 日〕。

4　《黃文偉：黃金歲月》，頁 105。

5　*South China Sunday Post* – Herald, 30 May 1971.

6　《香港時報》，1970 年 12 月 31 日。

7　同上，1971 年 2 月 9 日。

8　同上，1971 年 3 月 18 日。

9　後來怡和重新參加丙組聯賽，並在 1974 至 1975 年度球季重返甲組，但只能留在甲組一季。

10　*South China Morning Post*, 11 Mar. 1970.

11　Ibid, 1 Apr. 1970.

12　Ibid, 8 Jul. 1970.

13　《香港時報》，1969 年 3 月 13 日。

14　同上，1970 年 9 月 20 日。

15　到 1975 至 1976 年度球季，聯賽盟主南華和第五名的分差也只有六分，而殿軍市政和南華其實只差一分。

16　《香港時報》，1971 年 7 月 16 日。根據公司註冊處的資料，Siu Fong Football Club Limited 成立於 1972 年 5 月 19 日。

17　*South China Morning Post*, 24 Aug. 1974.

18　《香港時報》，1975 年 9 月 7 日。

19　同上，1978 年 6 月 19 日。

20　同上，1980 年 8 月 20 日。

21　早在戰前，不少東南亞華僑已在香港甲組聯賽亮相，所以南華起用黃金福、仇志強等南洋華人也可說是延續業餘時代的做法。

22　漢拿在南華打護級戰途中離職。

23　坊間流傳着南華降班引發騷動的說法。但南華護級失敗（後獲挽留）是在 1983 年。而發生在南華球賽後的騷動則在 1982 年。除了 1981 至 1982 年度球季對精工、荃灣和加山外，還有 1982 至 1983 年度球季初對寶路華後爆發的騷動。所以「南華降班引發騷動」的說法並不準確。

24　愉園亦在八十年代初開始引入外援。

25　而當屆港會成績並不太差，在聯賽取得六勝五和的成績，並憑着最後一場神奇地擊敗駒騰而護級成功。而駒騰則隨榜末的市政降班。

26　南寧加在 1978 年決賽後備上陣為荷蘭射入追平阿根廷的一球。但主辦國阿根廷在加時賽攻入兩球奪標。海恩則是連續兩屆世界盃決賽都正選上陣。他後來曾擔任中國國家隊主帥，官方譯名為阿里‧漢。

27　英格蘭名宿卜比摩亞（Bobby Moore）於 1981 年底來港為東方客串，到 1982 年至 1983 年度球季亦曾執教過東方。卜比摩亞執教東方時，與他一起贏得 1966 年世界盃的阿倫波爾（Alan Ball）也在他麾下效力。另外，北愛著名球星佐治貝利（George Best）亦曾在 1982

年來港客串，為海蜂和流浪上陣。

28 謝東尼，《足球的樂趣：從修頓球場說起》（香港：出版工房有限公司，2019），頁 184。

29 《香港時報》，1983 年 5 月 2 日。

30 同上，1983 年 6 月 27 日。

31 *South China Morning Post*, 13 Jun. 1983.

32 《香港時報》，1980 年 9 月 7 日。

33 同上。

34 同上，1982 年 10 月 6 日；《星島日報》，1982 年 10 月 6 日。

35 同上，1983 年 7 月 16 日。

36 *South China Morning Post*, 17 Jul. 1983.

37 《香港時報》，1983 年 7 月 1 日。

38 同上，1983 年 7 月 19 日。

39 而榜末的南華比倒數第二的荃灣更早被挽留，則顯然是南華的特殊地位所致。

40 數據源自 *Hong Kong Football Association Limited Annual Report 1983*。

41 《香港時報》，1983 年 3 月 22 日。

42 同上，1983 年 3 月 13 日。

43 同上，1983 年 4 月 7 日。

44 《星島晚報》，1983 年 8 月 3 日。

45 同上，1984 年 5 月 8 日。

46 《星島體育》，1984 年 3 月 17 日。

47 黃創山，〈蟬聯六屆聯賽冠軍 希望將來更進一步〉，載於《精工 82》第 21 期（1984 年 6 月號），頁 11。

48 《香港時報》，1984 年 3 月 12 日，頁 8。

49 同上，1984 年 4 月 29 日，頁 8；王子實，〈削減外援：圈內圈外意見紛紛〉，載於《精工 82》第 19 期（1984 年 4 月號），頁 8–9。

50 *South China Morning Post*, 8 Jun. 1984.

51 《星島日報》，1984 年 6 月 9 日；《香港時報》，1984 年 6 月 9 日。

52 《香港時報》，1984 年 8 月 1 日。

53 同上，1984 年 6 月 23 日。

54 《香港時報》，1985 年 4 月 17 日。

55 即將原來聯賽勝方得兩分的制度改為勝方得三分。

56 《星島晚報》，1985 年 4 月 20 日。

57 《香港時報》，1985 年 6 月 12 日。

58 同上，1985 年 6 月 20 日。

59 《星島晚報》，1985 年 7 月 26 日；《香港時報》，1985 年 7 月 26 日。

60 相關見解見《香港時報》，1985 年 7 月 20 日。

61 同上。

62 《香港時報》，1986 年 1 月 30 日，頁 8。

63 其中有兩場賽事以「雙料娛樂」的形式舉行，如將該兩場賽事當作一場計算，則平均每場
觀眾數目是四千六百九十四人。

64 《香港時報》，1986 年 3 月 10 日。

65 同上，1986 年 4 月 23 日。

66 同上，1986 年 6 月 15 日。

67 同上，1986 年 6 月 23 日。

68 同上，1986 年 7 月 21 日。

69 《星島晚報》，1986 年 6 月 21 日；《香港時報》，1986 年 6 月 21 日。

08

從足球反思戰後
香港社會

南華會加山場，約攝於 1965 年（獲香港政府檔案處
授權使用）。

　　像其他競技運動一樣，足球有自己獨特的運作邏輯。但同時，足球總不能完全擺脫當時社會上的政治經濟情況。本書各章討論過的主題，如香港華人足球好手在五六十年代表「中華民國」隊參加國際賽、六十年代香港足總開始試圖阻止台灣徵召球員、外隊賽出現的球迷騷動以至是香港隊球迷在七八十年代對香港代表隊展示出前所未有的熱情，都跟當時的政治社會形勢不無關係。在這一章，筆者會藉着足球討論幾個與戰後香港政治和香港社會相關的議題。

左右派與殖民政府

　　二戰大戰結束後不久，資本主義陣營和社會主義陣營之間的冷戰也告展開。在中國，中共取得大陸政權，國民黨撤至台灣。作為英國殖民地的香港，則因而成為了資本主義陣營在社會主義中國旁的前哨陣地。英國雖然在中共宣佈中華人民共和國成立後不久就和北京建交，為第一個承認社會主義中國的西方資本主義大國，但以冷戰的邏輯來說，英國和國民黨統治的台灣卻同屬一個陣營。六十年代擔任過足總執委的韋基舜曾對筆者說：當年的執委大致可分為

右派、左派和親港英政府三類。換言之，當時足總執委會亦反映冷戰時代香港社會的三大政治力量：作為統治者的港英政府和爭取香港華人支持的左派同右派。在五十年代的足球界，右派為主流力量，故一流華將可以順利代表「中華民國」隊參加國際賽。而這支有輝煌成績的球隊在香港以至東南亞地區，都發揮了為國民政府爭取華僑支持的作用。

到六十年代，足總開始設法阻止台灣在香港徵召球員。正如第三章所說，有關行動是左派和足總內的洋人委員合作的產物。雖然沒有證據指殖民政府直接影響足總執委的決定，但身為殖民地統治階級一員的足總委員大多顯然是反對香港球員代表「中華民國」的。他們除了有軍部的出席足總代表外，也有曾在政府任職的足總主席傅利沙和身為政府高官的足總副會長鍾逸傑。[1] 前者曾親自去信國際足協表明希望張子岱能改為香港代表；後者則在七十年代初提出香港出生者只能代表香港的規定。另外，受到港英政府信任，曾任立法局和行政局成員的足總會長李福樹也提出過香港人代表香港的看法。換言之，在足球圈內，就球員代表資格這一重大議題，左派和效忠港英政府的足總要員是站在同一陣線上的。

英國雖然與北京有外交關係，但過去的研究顯示港英政府亦懼怕中共在香港培植勢力。因此，相對左派而言，殖民政府及社會上的中間力量對右派顯得較為容忍和友善。[2] 但在足球領域而言，起碼由六十年代初開始，似乎親政府的力量卻跟左派合作與右派力量對抗。兩股勢力的政治效忠對象當然不一樣，但對於阻止台灣繼續徵召香港華人球員，兩者卻有一致立場。由此可見，殖民地政府及其支持者並不一定受制於冷戰的「社會主義陣營對資本主義陣營」的框架，也會在個別議題或領域上選擇以左派為策略性盟友，以牽制右派的勢力。

左派勢力到六十年代才在球圈有較積極的公開活動。愉園在 1965 年化身「同章」隊到中國內地作賽時，其左派色彩已經十分明顯。而在「六七暴動」期間，愉園亦因為反對足總發聲明支持政府「平暴」而退出甲組聯賽。[3] 到二十一世紀，不少民主派支持者仍然以「六七暴動」作為攻擊左派的資本，可見「六七暴動」對左派在香港的形象打擊甚大。儘管如此，其實左派在「六七暴動」後的復元速度並不緩慢。例如周奕就提過，「六七暴動」後香港左派着力重建工會架構、加強發展其教育系統和大力開展新界的群眾工作，而這些工作在七十年代初期到中期就已經做出顯著成績。[4] 在足球圈內，左派勢力的冒起也不慢。「六七暴動」後僅三年，霍英東就當選為足總會長，再過四年，中國隊就來港作賽。左派力量顯然沒有因為「六七暴動」而迅速潰敗。到底為甚麼在主流民意理應已丟掉對左派幻想的七十年代，右派在足球圈勢力卻大幅萎縮？台灣在國際社會生存空間受壓，或者「反攻大陸」的口號越來越不切實際，似乎並不能提供充分的解釋。中共的統戰策略如何發揮影響，將是研究七十年代香港社會時需要多加了解的課題。

足球、國族與民族

香港由十九世紀四十年代初開始成為英國殖民地。但在香港生活的華人，卻一直以中國為其主要的政治認同。在 1949 年之前，包括足球員在內的運動員，一邊在香港生活，一邊參加中國的全運會和代表中華民國參加遠東運動會和奧運會。[5] 同時，李惠堂等名將會到上海居留參加當地聯賽。另外也有四騎士（即譚江柏、李天生、葉北華和馮景祥）等平日在廣州上班，週末才回香港比賽的情況。[6] 當時香港華人球員的生活空間，與 1949 年後完全不同。1949 年

後，港府開始在邊境實行嚴格的邊境管制，兩地社會的交往大幅減少。對長居香港的華人來說，他們的生活空間就只有香港一隅。

雖然香港社會在五十年代漸與中國內地隔絕，但在香港生活的華人初時仍然以中國人為最重要的政治身份認同。除了因為大部分居港華人都在大陸出生外，右派和左派在香港的宣傳工作發揮的影響也不容忽視。右派主張的國族主義是以退守台灣的「中華民國」為效忠的對象，居港的華人被視為在殖民地生活的華僑。因此，華僑球員有權利為祖國出賽，而華人球迷也理所當然地應支持祖國，而不是香港這塊殖民地。左派所主張的國族主義則當然視北京的中華人民共和國政權為居港華人的祖國。對左派來說，香港運動員也有權代表祖國。中國內地在備戰 1956 年奧運會（最後因為台灣參加而抵制賽事）時曾邀請香港運動員回內地參與選拔，香港的容國團回內地後為中華人民共和國在 1959 年奪得世界乒乓球錦標賽男單冠軍，都說明了內地希望香港的運動人才能為國效力。不過，由於左派在五六十年代始終無法取代右派在香港足球圈作為主流力量的地位，所以左派所主張的國族主義較少藉足球反映出來。

右派和左派主張的國族主義雖然因為效忠不同的政權而對立，但兩者在強調國族認同高於對香港的認同上，其實顯然是有共識的。因此，在右派報章的論述下，香港華人球員面對着「中華民國」隊時未能全力作戰，是合情合理的。而左派雖然寧願香港華將代表香港而不接受「蔣幫」的徵召，但左派輿論在六十年代對香港代表隊的支持也是點到即止，與右派報章對「中華民國」隊的熱情完全是兩回事。

除了鼓吹帶有政權認同元素的國族主義外，香港的左右派報章也藉足球的華洋之爭鞏固一種不依附於國共兩黨的民族主義。正如第四章所言，左右派報章經常在英國球隊訪港時以華洋之爭的框架

來報道和評論球賽。在這框架下，不但客軍是華人球隊的敵人，居港的英國人也是華人的敵人。雖然立場較溫和的右派報章如《星島日報》和《華僑日報》傾向避免採取這個框架，但觀乎球迷看英國球隊作賽時表露出來的情緒，尤其是 1961 年和 1969 年兩場源於英國球隊的騷動，似乎一種帶有反殖元素的民族主義情緒真的存在於不少球迷心目中。[7]

殖民政府的認受性和社會穩定

有關戰後初期的香港研究，經常圍繞着為何香港社會如此穩定這個問題。[8] 1956 年、1966 年和 1967 年的三場「暴動」大多被視為長期社會穩定下的特殊案例。由於社會大致穩定，香港華人常被視為政治冷感。然而，林蔚文回顧了五十年代至七十年代多場大大小小的抗爭，對戰後香港華人普遍是政治冷感的說法提出質疑。[9]

本書的第四章回顧了四場發生在六十年代，但到今天已幾乎被遺忘的球迷騷動。論規模，這四場騷動當然不可能跟 1952 年的「三一事件」、1956 年的「雙十暴動」、1966 年的「九龍騷動」和1967 年的「六七暴動」比擬。但這幾場騷動的政治含義也值得我們審視。這四場騷動的直接起因雖然都是大球場場上發生的事情，但似乎也反映着對殖民統治的負面情緒。首先，在 1961 年的兩次騷動和 1965 年底的一次騷動，球迷在場外都有向在場的警察擲物。[10] 這大概反映出與當時一般民眾對作為殖民政府統治機器，而且貪腐嚴重的香港警隊極為不滿有關。[11] 另外，這四次騷動有兩次是源於英國球隊的訪港賽事。在該兩場比賽中，不論是左派報章還是右派報章都斥責客隊踢法粗野和指控香港足總派出的英國籍球證偏袒祖家球隊。在球場上，來自殖民帝國的球證為了來自殖民帝國的球隊而

欺壓華人球隊，將殖民統治種族不平等的本質形象化地表現出來。因此，華人球迷在 1961 年和 1969 年兩次英格蘭足總隊訪港時表現出來的怒火，以至是 1962 年英國陸軍隊和 1965 年史篤城隊訪港時球迷的喝倒采聲，大概都是平日對殖民統治不滿的延伸。

六七暴動常被視為殖民政府證明甚至增加其認受性的事件。[12] 但在 1969 年，英足總隊對華聯時依舊爆發充滿反殖情緒的騷動。由此可見，六十年代末、七十年代初對殖民政權的不滿情緒，應該不是純粹存在於左派圈子、知識分子和積極的社會運動參與者之間。[13] 主流民意在 1967 年對左派投以不信任票，並不一定因此賦予殖民政府認受性。[14]

球場騷動並沒有在七八十年代完全消失。第六章就曾介紹過在 1977 年和 1980 年，香港隊主場分別不敵南韓和中國隊後出現過的球迷騷動。七十年代常被香港市民視為香港社會的「黃金歲月」。[15] 我們當然要避免過分詮釋這兩場騷動的政治含義（如有的話），但如果球迷只是不滿客軍球迷或球員，為何要以破壞公物的方式來洩憤？而這種宣洩手法到八十年代初因為南華表現欠佳而觸發的幾次騷動仍有出現。到底七十年代麥理浩任職港督時的一連串改良政策，是否真的如主流論述所言令普遍的香港市民認為當時的香港社會那麼美好？資深足球撰稿人施建章在 2019 年還記得，在一次南華賽事後見過有參與騷動的青年球迷對警察說：「到九七你們就會走。現在就拿我們的錢。以後就不關你們的事了！」那麼，八十年代初香港的前途問題，又是否與這些足球騷動所顯示的躁動相關？

何謂「香港人」？

現在學界的共識是，二十世紀七十年代是「香港人」這個身份

認同成型的時期。而這個身份認同成型的過程，與當年香港的普及
文化的蓬勃發展不無關係。[16] 正如第六章回顧港隊在七八十年代的
表現時所說，足球在這個過程中也可能扮演了一定的角色。不過，
就算足球反映着香港華人的身份認同由以國族或民族認同為主變成
以香港認同為主，又或者對香港代表隊的支持有鞏固甚至是打造香
港認同的功能，但足球似乎對建立「香港人」這身份認同的內涵沒
有發揮太大的作用。足球風格可以是一個國族或者地區認同的重要
元素。最經典的例子當然是巴西的所謂「森巴」風格。在第四章回
顧英國隊訪港時，我們可見到左、右派報章都視技術好，體能和速
度差為香港華人足球的特色。然而，到 1977 年和 1985 年香港隊取
得那兩場經典勝利時，有關香港足球風格的描述卻顯然不是報章報
道或者評論內容的重點。[17]

　　「香港人」不是純粹的文化身份，它也是一個需要法律賦予的身
份。香港不是一個主權國。在九七以前，它是英國的殖民地；1997
年 7 月 1 日起，它是中華人民共和國的特別行政區。正是這個獨特
的身份，令到定義何謂「香港人」更加困難。第三章討論過的六十
年代香港球員代表資格問題，其實也與香港的獨特地位有關。當
年，國際足協多次形同否定香港足總的決定，箇中主因就是國際足
協的規定指明球員參加國際賽的資格以國籍為基礎。但香港本身是
殖民地，居港人士有各自的國籍（以華籍和英籍為主），所以就出
現了國際足協和香港足總之間「雞同鴨講」的情況。

　　在今天，對新來港的移民來說，成為「香港人」的其中一個主
要象徵就是得到永久性居民的資格，而移居香港者要住滿七年始能
得到該資格。原來在七十年代之前，所有非在香港出生的華人都被
港英政府視為暫住人口。要到 1972 年，非在港出生但居港七年者始
被香港政府賦予其永久居民資格，結束其暫住香港的身份。[18] 換言

之，如果在六十年代就以永久居民身份來決定誰有資格參加代表香港隊參加正式國際賽的話，非在香港出生的華人當時就沒有辦法代表香港代表隊。

這提醒了我們，在七十年代前，香港華人對香港缺乏歸屬感，除了其出生地和成長背景的因素外，政府的政策排除了當時大部分人口在「永久居民」的類別之外也可能是原因之一。到 1972 年，「永久居民」的定義改變。這個法律層面上的身份轉變與文化層面的身份認同之間有沒有關係和有哪種關係，也是值得未來探討的課題。[19]

註釋

1　傅利沙曾任助理警務處長。見 *South China Morning Post*, 30 Jul. 1964.

2　Wai-Man Lam, *Understanding the Political Culture of Hong Kong: The Paradox of Activism and Depoliticization*, Armonk (New York; London: M. E. Sharpe, 2004). pp. 102-103; John D. Young, 'The Building Years: Maintaining a China – Hong Kong – Britain Equilibrium, 1950-71,' in Ming K. Chan (ed.), *Precarious Balance: Hong Kong Between China and Britain, 1842-1992* (Hong Kong: Hong Kong University Press, 1994), pp.131-147.

3　當時效忠殖民政府和右派的足總委員又為了對付左派而站在同一陣線。

4　周奕，《香港左派鬥爭史》修訂本（香港：利文出版社，2002），頁 329-340。

5　有關香港選手在參加全運會和代表中華民國參加遠東運動會的情況，可參考潘淑華、黃永豪，《閒暇、海濱與海浴：香江游泳史》（香港：三聯書店，2014）。

6　《球國春秋》，頁 55。

7　換言之，就算是挑戰香港本地的殖民統治，也不一定代表「香港」意識的崛起，因為純粹的華人或中國人身份認同也能促使民眾質疑殖民統治下香港的政治經濟制度。

8　最經典的相關著作當然是 Siu Kai Lau, *Society and Politics in Hong Kong* (Hong Kong: The Chinese University Press), 1982。

9　*Understanding the Political Culture of Hong Kong.*

10　1969 年的那次騷動，大部分報章都沒有球迷襲擊警察的報道，但《工商日報》卻指有球迷向警察擲物。換言之，就算球迷在 1969 年的騷動有攻擊警察，攻擊警察的激烈程度應該不如之前的三次球迷騷動。這是因為 1969 年當天警方身上的武器裝備比以前的有較大殺傷力，還是因為「六七暴動」後警察在一般民眾間的形象未如以前那麼負面，則尚待考證。

207

從足球反思戰後香港社會

11 有關五六十年代香港市民對警察的負面觀感，見 *Understanding the Political Culture of Hong Kong*, pp. 205-206。

12 例如 John M. Carroll, *A Concise History of Hong Kong* (Hong Kong: Hong Kong University Press, 2004), p.158; Lawrence Cheuk-yin Wong, 'The 1967 Riots: A Legitimacy Crisis?', in Robert Bickers and Ray Yep (eds.), *May Days in Hong Kong: Riot and Emergency in 1967* (Hong Kong: Hong Kong University Press), pp.49-51。

13 有關七十年代初各個不滿殖民政府統治勢力的介紹，見 *Understanding the Political Culture of Hong Kong*, pp. 188-193。

14 正如 Alan Smart 和呂大樂所指，六七暴動時香港市民普遍支持港英政府，只是在中共威脅下提供了對港英政府「消極的支持」（passive support）。見 Alan Smart, and Tai-lok Lui, "Learning from Civil Unrest: State/society Relations in Hong Kong Before and After the 1967 Disturbances," in *May Days in Hong Kong*, pp. 158-159。

15 《那似曾相識的七十年代》，頁 7。

16 見 Eric Kit-wai Ma, *Culture, Politics and Television in Hong Kong* (London; New York: Routledge, 1999), pp.19-44; Gordon Mathews, Eric Kit-wai Ma, and Tai-lok Lui, *Hong Kong, China: Learning to belong to a Nation* (London; New York: Routledge, 2008), pp.40-57。

17 但技術好、體能差的這個說法，到二十一世紀討論香港足球衰落時仍然偶然會被提起。

18 鄭宏泰、黃紹倫，《香港身份證透視》（香港：三聯書店，2004），頁 126-128。

19 有關討論可參考《香港身份證透視》，頁 151-153。